Kochen mit dem
Spiralschneider

DENISE SMART

südwest

Impressum
2. Auflage 2016
© der deutschsprachigen Ausgabe 2016 by Südwest
Verlag, einem Unternehmen der Verlagsgruppe Random
House GmbH, Neumarkter Str. 28, 81673 München.

Hinweise
Die Ratschläge/Informationen in diesem Buch sind von
Autorin und Verlag sorgfältig erwogen und geprüft.
Dennoch kann eine Garantie nicht übernommen
werden. Eine Haftung der Autorin bzw. des Verlags
und seiner Beauftragten für Personen-, Sach- und
Vermögensschäden ist ausgeschlossen.

Der Verlag weist ausdrücklich darauf hin, dass im
Text enthaltene externe Links vom Verlag nur bis zum
Zeitpunkt der Buchveröffentlichung eingesehen werden
konnten. Auf spätere Veränderungen hat der Verlag
keinerlei Einfluss. Eine Haftung des Verlags für externe
Links ist stets ausgeschlossen.

Die englische Originalausgabe erschien 2015 unter dem
Titel »Spiralize Now! 80 Delicious, Healthy Recipes for
Your Spiralizer« bei Hamlyn in der Octopus Publishing
Group Ltd, London

Redaktionsleitung: Silke Kirsch
Projektleitung: Sonya Mayer
Übersetzung aus dem Englischen: Claudia Theis-Passaro
    & Annegret Hunke-Wormser
Covergestaltung, Producing & Satz: Imprint,
    Zusmarshausen
Redaktion der deutschsprachigen Rezepte: Dr. Regina
    Roßkopf
Korrektorat: Regina Wiesmaier

Für die englischsprachige Originalausgabe
© 2015 Octopus Publishing Group Ltd, London
Redaktionsleitung: Eleanor Maxfield
Redaktion: Clare Churly
Art Director: Tracy Killick
Fotografie: William Shaw
Foodstyling: Denise Smart
Styling: Kim Sullivan
Herstellung: Caroline Alberti

Printed in Spain

ISBN 978-3-517-09474-8

Als Standardmaß für Löffel gilt bei allen Rezepten:
1 EL = 15 ml
1 TL = 5 ml
Die Angaben beziehen sich, wenn nicht anders
angegeben, jeweils auf Eier mittlerer Größe, Milch
mit Vollfettgehalt und frische Kräuter.

Inhalt

Ran an die Spiralen

Die gesundheitlichen Vorzüge

Ein Spiralschneider ist ein preiswertes und unkompliziertes Küchengerät, mit dem sich aus Obst und Gemüse mithilfe verschiedener Klingeneinsätze im Handumdrehen Spaghetti und Spiralen herstellen lassen. Wer gesundheitsbewusst kocht, wird dies zu schätzen wissen, denn mit Obst- und Gemüsespiralen statt Nudeln oder Reis lässt sich die Menge an Kohlenhydraten leicht reduzieren – viel Genuss und wenig Kalorien. Gleichzeitig wird es leichter, mehr Obst und Gemüse in die Ernährung einzubauen, ein unschätzbarer Vorteil für Menschen, die eine bestimmte Diät einhalten – ob Low-Carb, glutenfrei oder Rohkost.

Mit Obst- und Gemüsespaghetti lässt sich Zeit sparen, denn ein Spiralschneider erleichtert die Vorbereitung enorm. Außerdem verkürzt sich die Zeit am Herd, denn viele der so vorbereiteten Obst- und Gemüsesorten können roh oder kurz gegart gegessen werden – ein weiteres Plus, denn die Nährstoffe bleiben erhalten.

Die Auswahl eines Spiralschneiders

Spiralschneider gibt es von verschiedenen Herstellern, die Funktionsweise ist aber bei allen ähnlich. Die größeren Geräte, waagrecht oder senkrecht, sind praktischer für größeres Gemüse und für häufigen Einsatz, die kleinen Handgeräte eignen sich eher für gelegentliche Nutzung, kleinere Mengen und zum Verzieren von Speisen.

Die meisten Spiralschneider haben austauschbare Einsätze mit unterschiedlich angeordneten Klingen, die jeweils andere Formen hervorbringen. Hier wurde ein horizontaler Spiralschneider mit drei unterschiedlichen Klingenein-

Feiner Klingeneinsatz
(3 mm) für Spaghetti

Mittlerer
Klingeneinsatz (6 mm)
für feine Spiralen

Flacher Klingeneinsatz
für breite Spiralen

sätzen verwendet: ein feiner für dünne Spaghetti (3 mm),
ein mittlerer für etwas breitere Gemüsenudeln (6 mm)
und ein flacher mit nur einer Klinge für breite Obst- und
Gemüsespiralen.

Arbeiten mit einem horizontalen Spiralschneider

1 Das Gerät mit den Saugfüßen auf der Arbeitsfläche
   befestigen.
2 Den gewünschten Klingeneinsatz in das Gerät einsetzen.
3 Obst oder Gemüse je nach Rezept vorbereiten: wenn
   nötig schälen, die Enden gerade abschneiden und gegebenenfalls quer halbieren.
4 Das Obst- oder Gemüsestück zwischen dem Klingeneinsatz und der Halterung an der Handkurbel einspannen.
5 Mit einer Hand am seitlichen Griff nun mit leichtem
   Druck die Handkurbel drehen, sodass das Obst oder
   Gemüse zwischen Klingen und Kurbel geschoben wird –
   so entstehen die Spiralen.
6 Zum Schluss das verbliebene schmale Innenstück sowie
   das hintere Ende, einfach herausnehmen.

So gelingen die Spiralen

• Geeignet sind feste Obst- oder Gemüsesorten ohne
  Kerne, Samen oder Hohlräume. Einzige Ausnahmen sind
  Butternusskürbis (einfach das schmalere Ende verarbeiten) und grüne Papaya.
• Kein weiches oder zu saftiges Obst oder Gemüse verwenden – Ananas, Melonen und Auberginen würden
  zerfallen.
• Die Stücke sollten so gerade wie möglich sein. Um un-
  schöne Formen zu vermeiden, ist es manchmal ratsam,
  die Stücke zwischendurch neu einzuspannen.
• Obst und Gemüse sollten an den Enden gerade und
  flach sein, damit sie sich gut befestigen lassen und nicht
  verrutschen. Dazu einfach ein kleines Stück abschneiden.

• Sollten die Spiralen nicht gut gelingen, hat der Spiralschneider möglicherweise nicht genug Schnittfläche zum
  Ansetzen. Die Stücke sollten im Idealfall einen Durchmesser von mindestens 3,5 cm haben und nicht länger
  als 12 cm sein. Längere Stücke vorab einfach entspre-
  chend kürzen.
• Am Ende bleiben das längliche Kernstück sowie die End-
  scheibe übrig, die in Suppen verwertet oder zu Snacks
  verarbeitet werden können.
• Da beim Schneiden einiges an Saft austritt, insbesondere
  bei Zucchini, Möhren, Gurken, Kartoffeln, Äpfeln und

Horizontaler
Spiralschneider

Vertikaler
Spiralschneider

Spiralschneider
ohne Kurbel

Birnen, sollten die Spiralen vor der weiteren Verarbeitung mit Küchenpapier trocken getupft werden.

• Vorsicht beim Reinigen des Spiralschneiders! Die Klingen sind sehr scharf. Das Gerät in warmem Spülwasser waschen und hartnäckige Obst- oder Gemüsestückchen mit einer kleinen Spülbürste oder einer Zahnbürste entfernen.

Welche Sorten Obst und Gemüse sind geeignet?

Ich habe mit vielen Obst- und Gemüsesorten experimentiert, während dieses Buch entstand. Um Ihnen unnötige Verschwendung von Obst und Gemüse zu ersparen, habe ich hier die am besten geeigneten Sorten aufgelistet.

Äpfel Äpfel können mit Schale und Kerngehäuse verwendet werden, einfach die Enden gerade abschneiden und im Ganzen verarbeiten – das Kerngehäuse bleibt als Verschnitt im Gerät. Apfelspiralen eignen sich außer für Desserts auch wunderbar für Salate und herzhafte Gerichte. Leider werden sie schnell braun und sollten daher sofort verwendet oder mit Zitronensaft besprenkelt werden.

Rote Bete Schälen ist nicht nötig, einfach waschen, die Enden gerade abschneiden und im Ganzen verarbeiten. Schmeckt roh im Salat oder als knusprig gebackene Rote-Bete-Chips.

Brokkoli Die bei der Zubereitung von Brokkoli anfallenden Stängel sollten nicht weggeworfen werden. Sie lassen sich gut zu Spiralen schneiden, die dann kurz angeröstet oder gedämpft werden.

Butternusskürbis Am besten nur das schmalere Ende verwerten, damit die Kerne nicht stören. Allzu lang geratene Kürbisspiralen können einfach mit der Schere gekürzt werden, so sind sie leichter zu essen.

Möhren Die verwendeten Möhren sollten schön groß sein. Möhrenspiralen schmecken gut roh im Salat oder gedämpft als leckere Beilage.

Knollensellerie Zur Vorbereitung großzügig schälen und mit einem scharfen Messer die knotigen Stücke herausschneiden, dann in für den Spiralschneider geeignete Stücke schneiden. Selleriespiralen sind lecker in Gratins, Suppen und in Remoulade.

Zucchini Vergessen Sie die altbekannte Pasta – Zucchini aus dem Spiralschneider machen sich perfekt als Spaghetti. Sie können roh oder leicht gedämpft, blanchiert oder angebraten werden.

Gurken Die geschnittenen Gurkenspiralen müssen vor der Verwendung nur noch trocken getupft werden. Sie eignen sich prima für Salate.

Daikon-Rettich Zu Spiralen geschnittener Daikon ist eine großartige Alternative zu Reisnudeln.

Grüne Papaya Grüne Papaya – zu finden in Asia-Läden – ist zwar innen hohl, lässt sich aber trotzdem gut in den Spiralschneider einspannen. Schmeckt köstlich roh in Salaten.

Kochbananen Die Früchte sollten so gerade wie möglich sein. Die harte äußere grüne Schale abziehen. Spiralen aus Kochbananen sind köstlich in Currys.

Topinambur Am besten große Stücke auswählen. Schälen ist nicht notwendig, waschen reicht. Falls die Gemüsespiralen nicht sofort verwendet werden, sollten sie in einer Schüssel mit etwas Zitronensaft aufbewahrt werden, damit sie nicht braun werden.

Zwiebeln Zwiebeln können im Ganzen verarbeitet werden, einfach die Enden begradigen. Zwiebelspiralen können anstelle von gehackten Zwiebeln verwendet werden oder zu Bhajis verarbeitet werden.

Pastinaken Am besten eignen sich große, dicke Pastinaken. Sie machen sich gut in Rösti oder als Chips.

Birnen Verwenden Sie nur feste Birnen. Überreife Birnen enthalten für einige der Dessertrezepte zu viel Saft. Vor dem Schneiden einfach die Enden gerade abschneiden.

Kartoffeln und Süßkartoffeln Kartoffeln entweder abbürsten oder schälen, die Enden flach abschneiden und eventuell in zwei Teile schneiden. Süßkartoffeln sorgen in Gerichten für Farbe.

Steckrüben Schälen und in große Stücke mit flachen Seiten schneiden, die sich in den Spiralschneider einspannen lassen. Die Spiralen schmecken gut in Rösti oder Bratlingen oder mit Kartoffelspiralen vermischt als Topping.

Das Garen und Aufbewahren von Gemüsenudeln

Gemüsenudeln können roh oder kurz gegart gegessen werden. Die besten Garmethoden sind Dämpfen, kurzes Anbraten und leichtes Köcheln. Gemüsespiralen aus Kartoffeln, Pastinaken, Roter Bete und Butternusskürbis werden belm Backen oder Rösten in der Hälfte der sonst üblichen Zeit gar. Da Gemüsespaghetti schnell zu weich werden, sollte man sie gut im Auge behalten.

Die meisten Gemüsesorten lassen sich als Spiralen in einer Frischhaltebox im Kühlschrank gut bis zu 4 Tage aufbewahren, praktisch für einen Vorrat oder für Reste. Ausnahmen sind Gurken, die sich aufgrund des hohen Wassergehalts nur etwa 2 Tage halten, sowie Äpfel, Birnen und Kartoffeln, die rasch oxidieren und braun werden und daher am besten erst bei Bedarf frisch zubereitet werden.

Leichte Gerichte

Misosuppe mit Gemüsenudeln

Für 4 Personen
Vorbereitungszeit 5 Minuten
Garzeit 10 Minuten

900 ml heiße Gemüsebrühe
2 EL weiße Misopaste
2 TL geriebener frischer Ingwer
2 Möhren, geschält, Enden gerade
    abgeschnitten und quer halbiert
2 Zucchini, Enden gerade
    abgeschnitten und quer halbiert
150 g frische oder tiefgekühlte
    Edamame-Bohnen
2 EL gehacktes Koriandergrün

Die Gemüsebrühe, die Misopaste und den Ingwer in einen Topf geben. Alles zum Kochen bringen, dann die Hitze reduzieren und weitere 3–4 Minuten köcheln lassen.

In der Zwischenzeit die Möhren und die Zucchini mit dem feinen Klingeneinsatz (3 mm) des Spiralschneiders zu Spaghetti verarbeiten.

Die Möhren- und die Zucchinispaghetti sowie die Edamame-Bohnen in die Suppe geben und weitere 3–4 Minuten köcheln lassen, bis sie gerade eben weich sind. Den Koriander einrühren und sofort servieren.

Garnelen-Reispapier-Wrap

Für 2 Personen
Vorbereitungszeit 10 Minuten

1 Stück (10 cm) Daikon-Rettich,
  geschält und die Enden gerade
  abgeschnitten
½ Möhre, geschält und die Enden
  gerade abgeschnitten
1 Frühlingszwiebel, in feine Ringe
  geschnitten
25 g Sojasprossen
4 EL gehacktes Koriandergrün
125 g gekochte geschälte Garnelen
4 Reispapierblätter (Banh Trang),
  etwa 20 cm Durchmesser
  (erhältlich in Asia-Läden)
1 EL Fischsauce
8 Minzeblätter
Sweet Chili Sauce, zum Servieren

Den Daikon und die Möhre mit dem feinen Klingeneinsatz (3 mm) des Spiralschneiders zu Spaghetti verarbeiten.

Die Gemüsespaghetti mit der Frühlingszwiebel, den Sojasprossen, dem Koriander und den Garnelen in eine Schüssel geben und gut vermengen.

Jedes Reispapierblatt etwa 30 Sekunden lang in einer Schüssel mit warmem Wasser einweichen, dann herausnehmen, überschüssiges Wasser abschütteln und auf ein Schneidebrett legen. Die Mitte des Wraps mit etwas Fischsauce bestreichen, 2 Minzeblätter darauflegen und etwas von der Garnelen-Gemüsemischung in die Mitte geben. Das Reispapierblatt von zwei Seiten über die Füllung schlagen, dann aufrollen und mit einem feuchten Tuch zudecken. Mit den restlichen Wraps und der Füllung ebenso verfahren.

Die Rollen in der Mitte durchschneiden und sofort mit dem Dip servieren.

Zucchinibratlinge ~mit Feta und Minze~

Für 4 Personen
Vorbereitungszeit 10 Minuten
Garzeit 15 Minuten

3 Zucchini, Enden gerade
   abgeschnitten und quer halbiert
4 Frühlingszwiebeln, gehackt
4 EL gehackte Minzeblätter
125 g Weizenmehl, Type 405
4 g Backpulver
1 TL gemahlener Kreuzkümmel
2 Eier, leicht verquirlt
125 g Feta-Käse, zerbröselt
Salz und frisch gemahlener schwarzer
   Pfeffer
1 EL Olivenöl, zum Braten
Tomaten-Salsa, zum Servieren

Die Zucchini mit dem feinen Klingeneinsatz (3 mm) des Spiralschneiders zu Spaghetti verarbeiten.

In einer großen Schüssel die Zucchinispaghetti mit den Frühlingszwiebeln, der Minze, dem Mehl, dem Backpulver und dem Kreuzkümmel vermischen. Dann die Eier einrühren, alles gut vermengen und mit Salz und Pfeffer würzen. Vorsichtig den Feta unterheben.

Etwas Öl in einer großen beschichteten Pfanne auf mittlerer Stufe erhitzen. Den Teig esslöffelweise – jeweils 4 Kleckse – in die Pfanne geben, leicht flach drücken und auf beiden Seiten 3 Minuten goldbraun und knusprig braten. Mit dem restlichen Teig ebenso verfahren. Die Bratlinge mit der Tomaten-Salsa servieren.

Mexikanische Kartoffelnester

Für 4 Personen
Vorbereitungszeit 10 Minuten
Garzeit 20 Minuten

2 Kartoffeln, etwa 375 g,
   geschält und die Enden gerade
   abgeschnitten
1 kleine Zwiebel, die Enden gerade
   abgeschnitten
2 EL Olivenöl
75 g Chorizo (spanische Hartwurst),
   in Würfel geschnitten
1 Knoblauchzehe, zerdrückt
1 milde grüne Chilischote, entkernt
   und fein gehackt
½ kleine gelbe Paprikaschote, Samen
   und Scheidewände entfernt,
   gewürfelt
1 Dose (200 g) stückige Tomaten
1 TL Tomatenketchup
1 EL gehacktes Koriandergrün
4 Eier
1 TL Paprikapulver oder Pimentón de
   la Vera, zum Bestreuen
Salz und frisch gemahlener schwarzer
   Pfeffer

Dieses Gericht ist eine Variante der beliebten mexikanischen Huevos Rancheros.

Den Backofen auf 180 °C Ober-/Unterhitze vorheizen.

Mit dem feinen Klingeneinsatz (3 mm) des Spiralschneiders die Zwiebel und die Kartoffeln zu Spaghetti verarbeiten und in separaten Schüsseln aufbewahren.

Die Kartoffelspaghetti in eine große Schüssel geben, das Öl zufügen und mit Salz und Pfeffer würzen. Dann mit den Händen alles gründlich miteinander vermengen. Die Kartoffeln auf 4 Puddingförmchen oder auf 4 Mulden (Durchmesser etwa 10 cm) eines Muffinblechs verteilen und im vorgeheizten Backofen 10 Minuten backen.

In der Zwischenzeit die Chorizo in eine Pfanne geben und bei mittlerer Hitze 2–3 Minuten erhitzen, bis das Öl ausgelassen ist. Die Zwiebelspaghetti, den Knoblauch, die Chilischote und die gelbe Paprikaschote unterrühren und bei mäßiger Hitze unter häufigem Umrühren etwa 2–3 Minuten garen, bis die Paprika weich ist. Dann die Tomaten und den Ketchup unterheben und mit Salz und Pfeffer würzen. Zum Kochen bringen, die Hitze reduzieren und 2–3 Minuten eindicken lassen. Den Koriander einrühren und nach Geschmack nachwürzen.

Die Kartoffelnester aus dem Backofen nehmen und mit der Rückseite eines Löffels in die Mitte der Nester eine Mulde drücken. Die Tomatenmischung auf die Nester verteilen und mit der Rückseite eines Löffels 4 flache Mulden in die Tomatenmischung drücken. In jede Mulde ein Ei aufschlagen (das Ei darf ruhig leicht überlaufen). Zurück in den Backofen schieben und weitere 6–7 Minuten backen, bis die Eier gerade gestockt sind. Zum Abschluss etwas geräuchertes Paprikapulver darüberstreuen und sofort servieren.

Daikon-Laksa mit Möhren und Gurken

Für 4 Personen
Vorbereitungszeit 5 Minuten
Garzeit 10 Minuten

500 g Daikon-Rettich, geschält,
    Enden gerade abgeschnitten und
    quer halbiert

1 große Möhre, geschält, Enden
    gerade abgeschnitten und quer
    halbiert

¼ Gurke, Enden gerade
    abgeschnitten

6 EL Laksa-Würzpaste

150 g grüne Bohnen, geputzt und
    halbiert

1 Dose (400 ml) fettarme Kokosmilch

750 ml heiße Gemüsebrühe

1 EL Palmzucker oder weicher
    Rohrohrzucker

125 g Sojasprossen

1 Dose (225 g) Bambussprossen,
    abgetropft

2 EL gehacktes Koriandergrün

4 Frühlingszwiebeln, gehackt

1 rote Chilischote, in feine Ringe
    geschnitten

4 Limettenspalten, zum Anrichten

Bei dieser herzhaften Suppe werden flache Reisnudeln durch Daikonspaghetti ersetzt. Wer mag, gibt gegen Ende der Garzeit einige gekochte Garnelen in die Suppe.

Den Daikon mit dem mittleren Klingeneinsatz (6 mm) des Spiralschneiders zu feinen Spiralen verarbeiten. Die Möhre und die Gurke mit dem feinen Klingeneinsatz (3 mm) des Spiralschneiders zu Spaghetti verarbeiten. Die einzelnen Gemüse in separaten Schüsseln aufbewahren.

Die Laksa-Würzpaste, die Daikonspaghetti und die Bohnen in einen großen Topf geben und das Gemüse unter Rühren sorgfältig mit der Paste vermengen. Bei mittlerer Hitze 1–2 Minuten garen, dann die Kokosmilch, die Brühe und den Zucker einrühren und 2 Minuten köcheln lassen. Die Möhrenspaghetti, die Sojasprossen und die Bambussprossen zugeben und 3 Minuten köcheln lassen, bis das Gemüse gerade eben weich ist. Anschließend das Koriandergrün unterrühren.

Die Suppe auf 4 Suppenschalen verteilen und mit den Frühlingszwiebeln, der Chilischote und den Gurkenspaghetti bestreuen. Sofort servieren und dazu Limettenspalten zum Auspressen reichen.

Zucchini-Halloumi-Bruschetta

Für 2 Personen
Vorbereitungszeit 5 Minuten
Garzeit 5-10 Minuten

1 große Zucchini, Enden gerade
   abgeschnitten und quer halbiert
1 EL Olivenöl
1 TL Thymianblätter
1 Knoblauchzehe, zerdrückt
Salz und frisch gemahlener schwarzer
   Pfeffer
4 Scheiben Halloumi-Käse
4 Scheiben Ciabatta, getoastet

Die Zucchini mit dem flachen Klingeneinsatz des Spiralschneiders zu breiten Spiralen verarbeiten. Besonders lange Streifen mit der Schere halbieren.

Das Olivenöl in einer großen Schüssel mit dem Thymian und dem Knoblauch sowie Salz und Pfeffer verquirlen. Vorsichtig die Zucchinispiralen unterheben und mit dem Öl überziehen.

Eine große Grillpfanne auf hoher Stufe erhitzen. Die Zucchini in einer Lage in die Pfanne geben und 1–2 Minuten braten, bis an einigen Stellen Grillstreifen zu sehen sind – eventuell muss man die Zucchini in 2 Portionen garen. Dann aus der Pfanne nehmen und beiseitestellen.

Den Halloumi in die Pfanne geben und 1–2 Minuten auf jeder Seite anbraten, bis goldbraune Streifen zu sehen sind und der Käse zu schmelzen beginnt.

Die getoasteten Ciabattascheiben auf 2 Teller legen und den gegrillten Halloumi mit den Zucchini darauf anrichten. Sofort servieren.

Gebackene Apfel-Zimt-Chips

Für 4–6 Personen
Vorbereitungszeit 5 Minuten, plus Kühlzeit
Garzeit 1¾–2 Stunden

2 große, säuerliche Äpfel (vorzugsweise Boskoop), Enden gerade abgeschnitten
1 TL gemahlener Zimt

Ich bevorzuge für dieses Rezept Bramley-Kochäpfel, aber man kann auch jeden anderen roten oder grünen Apfel verwenden. Die Apfelspiralen trocknen im Ofen bei schwacher Hitze sehr langsam und werden dadurch richtig schön knusprig und lecker.

Den Backofen auf 140 °C Umluft vorheizen.

2 große Backbleche mit Backpapier auslegen. Die Äpfel mit dem flachen Klingeneinsatz des Spiralschneiders zu breiten Spiralen verarbeiten.

Die Apfelspiralen in einer Lage auf die vorbereiteten Backbleche verteilen und den Zimt darüberstreuen.

Im vorgeheizten Backofen 1 Stunde backen. Die Chips wenden und nochmals 45 Minuten bis 1 Stunde trocknen lassen, bis sie leicht goldgelb sind. Den Backofen ausschalten und die Chips darin lassen, damit sie beim Abkühlen noch knuspriger werden. Die Apfelchips halten sich in einer Frischhaltebox bis zu 2 Tage.

Pita-Brote mit griechischem Salat

Für 4 Personen
Vorbereitungszeit 10 Minuten

1 kleine rote Zwiebel, Enden gerade
  abgeschnitten
1 Stück (12 cm) Gurke, Enden gerade
  abgeschnitten und quer halbiert
8 Kirschtomaten, geviertelt
6 schwarze Oliven ohne Kern,
  gehackt
125 g Feta-Käse, zerbröselt
1 EL Zitronensaft
2 EL natives Olivenöl extra
1 TL Oregano
Salz und frisch gemahlener schwarzer
  Pfeffer
4 Pita-Brote
1 Romanasalatherz, in feine Streifen
  geschnitten

Die Zwiebel und die Gurke mit dem feinen Klingeneinsatz (3 mm) des Spiralschneiders zu Spaghetti verarbeiten.

Die Zwiebel- und die Gurkenspaghetti mit den Tomaten, den Oliven und dem Feta in eine große Schüssel geben.

Den Zitronensaft in einer kleinen Schüssel mit dem Öl und dem Oregano verrühren und nach Belieben mit Salz und Pfeffer abschmecken. Das Dressing über den Salat gießen und alles gut vermengen.

Die Pita-Brote unter einem auf mittlerer Stufe erhitzten Grill auf jeder Seite etwa 1 Minute leicht rösten.

Die Pita-Brote quer durchschneiden und etwas Salat hineingeben. Dann mit der Fetamischung füllen und sofort servieren.

Mini-Frittatas aus Süßkartoffeln und Ricotta

Ergibt 8 Stück
Vorbereitungszeit 5 Minuten
Garzeit 25 Minuten

1 große Süßkartoffel, etwa
   250 g, geschält, Enden gerade
   abgeschnitten und quer halbiert
1 kleine Zwiebel, Enden gerade
   abgeschnitten
1 EL Olivenöl, plus etwas extra zum
   Einpinseln
50 g junger Spinat
6 Eier
2 EL gehackte Salbeiblätter
1 EL Schnittlauchröllchen
1 TL edelsüßes Paprikapulver
Salz und frisch gemahlener schwarzer
   Pfeffer
125 g Ricotta-Käse, zerbröselt
knackiger grüner Salat, zum
   Anrichten

Den Backofen auf 180 °C Ober-/Unterhitze vorheizen.

8 Mulden eines beschichteten Muffinblechs leicht mit Öl einpinseln. Die Süßkartoffel und die Zwiebel mit der feinen Klinge (3 mm) des Spiralschneiders zu Spaghetti verarbeiten.

Das Öl auf mittlerer Stufe in einer großen Pfanne erhitzen, die Süßkartoffel- und Zwiebelspaghetti hinzufügen und 3 Minuten garen, bis die Süßkartoffel leicht weich geworden ist. Den Spinat unterheben und 1 Minute mitgaren, bis er zusammengefallen ist. Die Süßkartoffelmischung leicht abkühlen lassen.

Die Eier in einer großen Schüssel mit den Kräutern und dem Paprikapulver verquirlen und mit Salz und Pfeffer würzen. Die Süßkartoffelmischung dazugeben und alles gründlich vermischen. Den Ricotta unterrühren.

Die Mischung auf die Mulden des vorbereiteten Muffinblechs verteilen und im vorgeheizten Backofen 20 Minuten backen, bis sie fest geworden ist. Als Beilage zu den Frittatas knackigen grünen Salat reichen.

Gebackene Kartoffelchips mit Salz und Essig

Für 4 Personen
Vorbereitungszeit 5 Minuten, plus
Ruhezeit
Garzeit 45 Minuten

2 Kartoffeln, Schale abgebürstet und
   die Enden gerade abgeschnitten
6 EL Malzessig
2 TL Meersalzflocken, zum Bestreuen

Den Backofen auf 140 °C Umluft vorheizen.

2 große Backbleche mit Backpapier auslegen. Die Kartoffeln mit dem flachen Klingeneinsatz des Spiralschneiders zu breiten Spiralen verarbeiten.

Die Kartoffelspiralen in eine große Schüssel geben und mit dem Essig gründlich vermengen. Dann 30 Minuten ziehen lassen, damit die Kartoffeln das Aroma aufnehmen können.

Die Kartoffeln abtropfen lassen, in einer Lage auf die vorbereiteten Backbleche verteilen und das Salz darüberstreuen.

Im vorgeheizten Backofen 30 Minuten backen. Die Chips wenden, bereits knusprige, goldbraune Chips herausnehmen und die anderen weitere 15 Minuten backen, bis sie leicht goldgelb sind. Den Backofen ausschalten. Die herausgenommen Chips zurück auf die Backbleche legen und die Bleche zurück in den Backofen stellen, damit die Chips beim Abkühlen noch knuspriger werden. Die Chips halten sich in einer Frischhaltebox bis zu 2 Tage.

Dim Sum mit Gemüse und Krebsfleisch

Für 4 Personen als Vorspeise
Vorbereitungszeit 20 Minuten
Garzeit 10 Minuten

1 Möhre (oder Stück von einer Möhre), etwa 75 g, geschält und die Enden gerade abgeschnitten

1 Zucchini (oder Stück von einer Zucchini), etwa 75 g, die Enden gerade abgeschnitten

125 g frisches Krebsfleisch (oder aus der Dose)

1 Stück (2,5 cm) frischer Ingwer, geschält und gerieben

½ rote Chilischote, entkernt und fein gehackt

1 TL dunkles Sesamöl

2 TL Reisessig

2 TL dunkle Sojasauce

2 TL Speisestärke

16 Wan-Tan-Teigblätter (erhältlich in Asia-Läden)

Zum Servieren
Sojasauce
Sweet Chili Sauce

Die Möhre und die Zucchini mit dem feinen Klingeneinsatz (3 mm) des Spiralschneiders zu Spaghetti verarbeiten. Sehr lange Spaghetti mit einer Schere halbieren.

Die Gemüsespaghetti mit den restlichen Zutaten außer den Teigblättern in eine große Schüssel geben und alles sorgfältig vermengen.

Ein Wan-Tan-Blatt auf ein sauberes Schneidebrett legen, die Ränder des Teigblatts mit etwas kaltem Wasser einpinseln und einen Teelöffel der Krebs-Gemüse-Mischung in die Mitte geben. Die Mischung in der Mitte verstreichen, dann das Teigblatt über die Füllung zu einem Halbkreis falten. Die Finger mit Wasser anfeuchten und dann die Ränder des Halbkreises zusammendrücken. Mit den restlichen Teigblättern und der Krebs-Gemüse-Mischung ebenso verfahren.

Die Hälfte der Dim Sum in einen Dämpfeinsatz aus Bambus oder Metall legen, auf einen Topf mit siedendem Wasser stellen und einen Deckel auflegen. 4–5 Minuten dämpfen, bis die Teigtaschen glasig sind und die Füllung gar ist. Die Dim Sum auf einen warmen Teller legen und mit Alufolie abdecken. Mit den übrigen Dim Sum ebenso verfahren.

Die Dim Sum auf 4 Teller verteilen oder auf einer Servierplatte anrichten und sofort mit der Sojasauce und süßen Chili-Dips in kleinen Schüsseln servieren.

Knusprige Zwiebel-Bhajis

Ergibt etwa 12 Stück
Vorbereitungszeit 10 Minuten
Garzeit 10 Minuten

2 Zwiebeln, Enden gerade
    abgeschnitten
100 g Kichererbsenmehl
½ TL Backpulver
1 grüne Chilischote, fein gehackt
2 EL gehacktes Koriandergrün
1 TL Salz
1 TL gemahlener Kreuzkümmel
½ TL gemahlene Kurkuma
1 EL Sonnenblumenöl
1 TL Zitronensaft
1 Liter Pflanzen- oder
    Sonnenblumenöl, zum Frittieren
Gurken-Minze-Raita (siehe Seite 92),
    zum Servieren

Da Zwiebeln mit dem Spiralschneider wirklich schnell zerkleinert werden können, ist dieser köstliche Snack im Handumdrehen fertig.

Die Zwiebeln mit dem mittleren Klingeneinsatz (6 mm) des Spiralschneiders zu feinen Spiralen verarbeiten.

Das Mehl, das Backpulver, die Chilischote, den Koriander, das Salz, den Kreuzkümmel und die Kurkuma in eine große Schüssel geben und alles sorgfältig vermengen. Anschließend mit dem Sonnenblumenöl, dem Zitronensaft und esslöffelweise Wasser (ca. 5–6 EL) zu einem dickflüssigen Teig verarbeiten. Zum Schluss die Zwiebelspiralen unter den Teig heben.

Das Pflanzen- beziehungsweise Sonnenblumenöl in einem Wok oder einer Pfanne mit schwerem Boden auf 180–190 °C erhitzen (ein Brotwürfel sollte im Fett innerhalb von 30 Sekunden goldbraun werden). Alternativ kann auch eine Fritteuse verwendet werden.

Die Zwiebelmischung esslöffelweise – jeweils 1 Kleckse – vorsichtig in das heiße Öl geben und die Spiralen 2–3 Minuten goldbraun und knusprig ausbacken. Mit einem Schaumlöffel aus dem Öl nehmen, auf Küchenpapier abtropfen lassen und warm halten. Mit der restlichen Bhajimischung ebenso verfahren. Die heißen Bhajis mit der Gurke-Minze-Raita servieren.

Gemüsespiralen Tempura

Für 4 Personen
Vorbereitungszeit 10 Minuten
Garzeit 10–20 Minuten

300 g gemischtes Gemüse,
   z. B. Zucchini, Süßkartoffeln
   und Möhren, Enden gerade
   abgeschnitten und quer halbiert
600 ml Pflanzenöl, zum Frittieren
Meersalzflocken, zum Bestreuen

Für den Teig
200 g Weizenmehl (Type 405) oder
   Tempuramehl
1 TL Speisestärke
300 ml kaltes Mineralwasser mit
   Kohlensäure
2 Eiswürfel

Tempura gelingen perfekt, wenn der Teig erst kurz vor dem Frittieren zubereitet wird und wenn das Öl genau die richtige Temperatur hat. So bleibt die Teighülle schön leicht und knusprig.

Das Gemüse mit dem flachen Klingeneinsatz des Spiralschneiders zu breiten Spiralen verarbeiten.

Den Backofen auf 150 °C Ober-/Unterhitze vorheizen.

Das Öl in einem Wok oder einer Pfanne mit schwerem Boden auf 180–190 °C erhitzen (ein Brotwürfel sollte im Fett innerhalb von 30 Sekunden goldbraun werden). Alternativ kann auch eine Fritteuse verwendet werden.

In der Zwischenzeit den Teig zubereiten. Das Mehl mit der Speisestärke in eine große Schüssel geben und langsam mit dem Wasser zu einem Teig verquirlen, der in der Konsistenz an sahnigen Rahm erinnert. Die Eiswürfel in den Teig geben und erneut verquirlen.

Einige Gemüsespiralen in den Teig tunken, Überschüsse abtropfen lassen und die mit Teig umhüllten Gemüsespiralen dann portionsweise vorsichtig in das heiße Öl geben und in 3–4 Minuten goldgelb und knusprig frittieren. Die Tempura mit einem Schaumlöffel aus dem Öl nehmen, auf Küchenpapier abtropfen lassen, auf ein Backblech legen und im vorgeheizten Backofen bei leicht geöffneter Tür warm halten. Mit dem restlichen Gemüse und Teig ebenso verfahren. Mit Salz bestreuen und sofort servieren.

Herbstliche Minestrone

Für 4 Personen
Vorbereitungszeit 15 Minuten
Garzeit 15 Minuten

1 Zwiebel, Enden gerade
   abgeschnitten
½ kleine Sellerieknolle, geschält und
   in 12 cm große Stücke geschnitten
2 Möhren, geschält, Enden gerade
   abgeschnitten und quer halbiert
1 Zucchini, Enden gerade
   abgeschnitten und quer halbiert
1 EL Olivenöl
1 Knoblauchzehe, zerdrückt
75 g Pancetta, gewürfelt
1 Dose (400 g) stückige Tomaten
750 ml heiße Gemüsebrühe
⅓ Wirsing, in feine Streifen
   geschnitten
1 Dose (400 g) Borlotti-Bohnen,
   abgetropft und abgespült
Salz und frisch gemahlener schwarzer
   Pfeffer

Zum Anrichten
frisch geriebener Parmesan
Basilikumblätter
knusprige Brotscheiben

Die Zwiebel, die Sellerieknolle, die Möhren und die Zucchini mit dem feinen Klingeneinsatz (3 mm) des Spiralschneiders zu Spaghetti verarbeiten und in separaten Schüsseln aufbewahren.

Das Öl in einem großen Topf erhitzen. Die Zwiebel- und die Selleriespiralen, den Knoblauch und den Pancetta zugeben und auf niedriger Stufe 3–4 Minuten garen, bis die Zwiebel weich, aber nicht braun ist. Die Möhrenspaghetti, die Tomaten, die Brühe, den Wirsing und die Bohnen zugeben und 5 Minuten köcheln lassen, bis der Sellerie gerade eben weich ist. Die Zucchinispaghetti zugeben und weitere 3–4 Minuten garen, bis das gesamte Gemüse weich ist. Die Suppe nach Geschmack würzen.

Die Suppe auf 4 Suppenschalen verteilen, den Parmesan und die Basilikumblätter darüberstreuen und mit knusprigem Brot servieren.

Schellfisch-Cremesuppe
geräuchert

Für 4 Personen
Vorbereitungszeit 5 Minuten
Garzeit 15 Minuten

1 Zwiebel, die Enden gerade
    abgeschnitten
225 g Kartoffeln, geschält und die
    Enden gerade abgeschnitten
25 g Butter
4 Scheiben geräucherter
    Frühstücksspeck (Bacon), Fett
    entfernt und grob zerkleinert
450 ml fettarme Milch
300 ml Fischfond
frisch gemahlener schwarzer Pfeffer
1 Dose (à 150 g) Mais
450 g geräuchertes Schellfischfilet
    (ungefärbt), Haut entfernt und
    grob in Stücke geschnitten
100 g junger Spinat
knuspriges Brot, zum Servieren

Diese cremige, deftige Suppe mit jeder Menge Schellfisch, Kartoffelspiralen, Mais und jungem Spinat wärmt und schmeckt einfach gut.

Die Zwiebel mit dem feinen Klingeneinsatz (3 mm) des Spiralschneiders zu Spaghetti verarbeiten. Dann den mittleren Klingeneinsatz (6 mm) einsetzen und die Kartoffeln zu feinen Spiralen verarbeiten. Die Zwiebel und die Kartoffeln in separaten Schüsseln aufbewahren.

In einem großen Topf die Butter auf mittlerer Stufe zerlassen, die Zwiebelspaghetti zugeben und 2 Minuten anschwitzen. Den Frühstücksspeck zugeben und in weiteren 3 Minuten bräunen. Die Milch und die Brühe zugießen, die Kartoffelspiralen unterheben und dann alles zum Kochen bringen. Mit Pfeffer würzen, die Hitzezufuhr reduzieren, den Deckel auflegen und auf niedriger Stufe 3–4 Minuten köcheln lassen, bis die Kartoffeln gerade eben weich sind. Den Mais und den Schellfisch unterrühren und 3–4 Minuten köcheln lassen, bis der Fisch beginnt auseinanderzufallen. Den Spinat unterrühren.

Sobald der Spinat zusammenfällt, die Suppe auf Suppenschalen verteilen. Mit frischem, knusprigem Brot servieren.

Kürbis-Käse-Muffins ~mit Schnittlauch~

Ergibt 10 Stück
Vorbereitungszeit 10 Minuten
Garzeit 20–25 Minuten

1 großes Stück Hokkaido-Kürbis oder
  Butternusskürbis (das schmale
  Ende), etwa 275 g, geschält
275 g Weizenmehl Type 405
1 TL Backpulver
125 g reifer Cheddar, gerieben
2 EL Schnittlauchröllchen
2 Eier
175 ml Vollmilch
75 g Butter, zerlassen
2 EL Kürbiskerne

Den Backofen auf 190 °C Ober-/Unterhitze vorheizen.

Ein Muffinblech mit 10 Muffin-Papierförmchen auslegen. Den Kürbis mit dem feinen Klingeneinsatz (3 mm) des Spiralschneiders zu Spaghetti verarbeiten. Sehr lange Streifen mit einer Schere halbieren.

Das Mehl und das Backpulver in eine große Schüssel sieben. Den Käse und den Schnittlauch unterheben und sorgfältig vermengen.

In einer separaten Schüssel die Eier mit der Milch und der zerlassenen Butter verquirlen.

Die Eimischung in die Schüssel mit dem Mehl gießen und alles sorgfältig verrühren. Die Kürbisspaghetti unterheben.

Die Masse auf die Muffinförmchen verteilen und anschließend die Kürbiskerne darüberstreuen. Im vorgeheizten Backofen 20 Minuten backen, bis der Teig aufgegangen und fest ist. Diese Muffins schmecken sowohl warm als auch kalt sehr lecker.

Gebackene Gemüse-chips

Für 4 Personen
Vorbereitungszeit 10 Minuten
Garzeit 30–35 Minuten

1 Süßkartoffel, geschält, die Enden gerade abgeschnitten und quer halbiert
1 große Pastinake, geschält, die Enden gerade abgeschnitten und quer halbiert
2 frische Rote Beten, abgebürstet und die Enden gerade abgeschnitten
2 EL Olivenöl
Meersalzflocken

Diese farbenfrohen Gemüsechips aus dem Backofen sind eine gesunde Alternative zu frittierten Kartoffelchips. Sie halten sich in einer Frischhaltebox 1–2 Tage.

Den Backofen auf 160 °C Umluft vorheizen.

2 große Backbleche mit Backpapier auslegen. Die Süßkartoffel, die Pastinake und die Rote Bete mit dem flachen Klingeneinsatz des Spiralschneiders zu breiten Spiralen verarbeiten.

Die Gemüsespiralen in eine große Schüssel geben, mit Öl beträufeln, mit etwas Meersalz bestreuen und alles gut vermengen.

Die Gemüsespiralen in einer Lage auf den vorbereiteten Backblechen verteilen und im vorgeheizten Backofen 30–35 Minuten backen, bis die Chips goldgelb und knusprig sind. Nach der Hälfte der Backzeit die Gemüsechips wenden und das obere Backblech in die untere Einschubleiste und das untere in die obere Einschubleiste schieben. (Chips, die beim Wenden bereits knusprig sind, aus dem Backofen nehmen.)

Den Backofen ausschalten. Bereits herausgenommene Chips zurück auf die Backbleche legen und im Backofen abkühlen lassen. So werden sie extraknusprig. Mit etwas Meersalz bestreuen und servieren.

Salate

Geflügelsalat mit Zucchini und Quinoa

Für 4 Personen
Vorbereitungszeit 10 Minuten
Garzeit 20–30 Minuten

200 g Quinoa, abgespült
2 Zucchini, Enden gerade
   abgeschnitten und quer halbiert
1 EL Olivenöl
2 TL Sumach (türkisches Gewürz)
Salz und frisch gemahlener schwarzer
   Pfeffer
3 Hähnchenbrustfilets ohne Knochen
   und Haut
fein abgeriebene Schale und Saft von
   1 großen Bio-Zitrone
1 EL natives Olivenöl extra
4 EL gehackte Minzeblätter
100 g Pistazienkerne, grob gehackt
150 g Granatapfelkerne

Die Zucchinistreifen erhalten hier durch kurzes Angrillen ein fein-rauchiges Aroma. Dabei sollten sie allerdings nicht zu weich werden, sonst verlieren sie ihre Konsistenz.

Die Quinoa in einem Topf mit 600 ml Wasser und etwas Salz zum Kochen bringen. Dann die Temperatur reduzieren und 10–15 Minuten leise köcheln lassen, bis das Wasser fast vollständig aufgenommen ist. Von der Kochstelle nehmen, zugedeckt weiter ausquellen lassen und inzwischen den Salat zubereiten.

Die Zucchini mit dem flachen Klingeneinsatz des Spiralschneiders zu breiten Spiralen verarbeiten.

Das Olivenöl mit dem Sumach sowie Salz und Pfeffer in eine flache Auflaufform geben und das Fleisch zum Würzen gründlich darin wenden.

Eine Grillpfanne erhitzen und das Fleisch darin bei mäßiger Hitze auf jeder Seite 4–6 Minuten durchbraten. Dann aus der Pfanne nehmen und beiseitestellen.

In der Grillpfanne die Zucchinispiralen etwa 2 Minuten anbraten, bis sich an einigen Stellen Grillstreifen zeigen.

Die Quinoa in einer großen Schüssel mit der Zitronenschale und dem Zitronensaft, dem Olivenöl, der Minze und den Pistazienkernen gut vermengen und abschmecken. Anschließend behutsam die Zucchinispiralen und die Granatapfelkerne untermengen.

Das Hähnchenfleisch in feine Scheiben schneiden. Den Quinoasalat auf 4 Teller verteilen, die Hähnchenscheiben darauflegen und sofort servieren.

Japanischer Thunfischsalat

**Für 2 Personen als Hauptgericht oder
 für 4 Personen als Vorspeise**
Vorbereitungszeit 20 Minuten
Garzeit 2 Minuten

250 g Daikon-Rettich, geschält,
 Enden gerade abgeschnitten und
 quer halbiert
½ Gurke, Enden gerade
 abgeschnitten und quer halbiert
2 EL weiße Sesamsamen
1 EL schwarze Pfefferkörner
1 Prise Salz
2 Thunfischsteaks (à 175 g), etwa
 2,5 cm dick
1 EL Sonnenblumenöl
Wasabipaste, zum Anrichten

Für das Dressing
2 EL japanische Sojasauce
fein abgeriebene Schale und Saft von
 1 Bio-Limette
1 TL geriebener frischer Ingwer
2 TL Yuzu-Saft (ersatzweise Grape-
 fruitsaft)
2 EL Mirin
1 EL Honig

Die Gurke und den Daikon mit dem feinen Klingeneinsatz (3 mm) des Spiralschneiders verarbeiten. Die so entstandenen Gemüse-spaghetti in eine Schüssel mit eiskaltem Wasser geben und in den Kühlschrank stellen.

Für das Dressing alle Zutaten in einer kleinen Schüssel verquirlen.

Die Sesamsamen in einer Pfanne ohne Fett bei mäßiger Hitze 2 Minuten goldgelb rösten und anschließend abkühlen lassen.

Die Pfefferkörner in einem Mörser grob zerstoßen, die gerösteten Sesamsamen sowie eine Prise Salz zugeben und alles zusammen grob zerstoßen.

Die Sesammischung auf einem Teller ausstreuen und die Thunfisch-steaks behutsam von allen Seiten darin wenden, bis sie gleichmäßig überzogen sind.

Das Öl in einer großen beschichteten Pfanne auf mittlerer Stufe erhitzen. Den Fisch darin von jeder Seite 1 Minute anbraten, sodass er rundum braun, innen aber noch rosa ist. Aus der Pfanne nehmen, beiseitestellen und ruhen lassen.

Die Gurken- und Daikonspaghetti abtropfen lassen und mit Küchen-papier trocken tupfen. Das Gemüse auf 4 Teller verteilen oder auf einer großen Platte anrichten.

Den Thunfisch in feine Scheiben schneiden und über die Gurken- und Daikonstreifen verteilen. Etwas vom Dressing darüberträufeln und sofort servieren. Das restliche Dressing sowie die Wasabipaste dazu reichen.

Linsensalat mit Butternusskürbis und Feta

Für 4 Personen
Vorbereitungszeit 10 Minuten
Garzeit 20 Minuten

½ Butternusskürbis (das schmale Ende), etwa 500 g, geschält und quer halbiert
3 EL Olivenöl
1 TL Kreuzkümmelsamen
Salz und frisch gemahlener schwarzer Pfeffer
Saft von 1 kleinen Zitrone
1 TL Dijonsenf
250 g vorgegarte Puy-Linsen (ersatzweise Tellerlinsen)
25 g Walnusskerne in Stücken
125 g Feta-Käse, zerbröselt
100 g junger Spinat

Den Backofen auf 190 °C Ober-/Unterhitze vorheizen.

Den Kürbis im Spiralschneider mit dem feinen Klingeneinsatz (3 mm) zu Spaghetti verarbeiten.

Die Kürbisnudeln in einer großen Schüssel mit 1 EL Öl sowie den Kreuzkümmelsamen, dem Salz und dem Pfeffer gründlich vermengen, sodass sich die Gewürze gleichmäßig verteilen.

Den Kürbis auf einem großen, mit Backpapier ausgelegten Backblech verteilen und im vorgeheizten Backofen etwa 20 Minuten goldgelb und leicht knusprig rösten. Zwischendurch einmal umrühren. Aus dem Ofen nehmen und leicht abkühlen lassen.

Das restliche Öl in einer kleinen Schüssel mit dem Zitronensaft und dem Senf verrühren und mit Salz und Pfeffer abschmecken.

Den Kürbis mit allen übrigen Zutaten in eine große Schüssel geben, die Zitronen-Senf-Mischung darübergießen und alles locker vermengen. Auf Salatschalen verteilen und sofort servieren.

Thai-Rindfleischsalat

Für 4 Personen
Vorbereitungszeit 15 Minuten
Garzeit 10–15 Minuten

1 kleine Gurke, Enden gerade
   abgeschnitten und quer halbiert
2 Möhren, Enden gerade
   abgeschnitten und quer halbiert
1 Daikon-Rettich, Enden gerade
   abgeschnitten und quer halbiert
500 g Rumpsteak
1 EL Sonnenblumen- oder Erdnussöl
Salz und frisch gemahlener schwarzer
   Pfeffer
½ Kopf Chinakohl oder Eisbergsalat,
   in feine Streifen geschnitten
1 Handvoll Erdnusskerne, grob
   gehackt (nach Belieben)

Für das Dressing
2 EL Palmzucker oder weicher
   Rohrohrzucker
2 EL Fischsauce
Saft von 3 Limetten
3 Knoblauchzehen, zerdrückt
1 Thai-Chilischote (Birdseye),
   entkernt und fein gehackt
6 EL gehacktes Koriandergrün

Zunächst für das Dressing alle Zutaten in einer kleinen Schüssel verquirlen, bis sich der Zucker vollständig aufgelöst hat.

Die Gurke, die Möhren und den Daikon im Spiralschneider mit dem feinen Klingeneinsatz (3 mm) verarbeiten.

Die Gemüsespaghetti in eine Schüssel geben und mit der Hälfte des Dressings begießen. Den Salat durchziehen lassen und in der Zwischenzeit das Fleisch garen.

Das Steak mit dem Öl einpinseln und mit Salz und Pfeffer würzen. Eine Grillpfanne sehr heiß werden lassen und das Steak darin auf mittlerer bis hoher Stufe von jeder Seite 3–6 Minuten bis zur gewünschten Stufe braten. Herausnehmen und auf einem Teller 5 Minuten ruhen lassen. Anschließend in feine Scheiben schneiden.

Kurz vor dem Anrichten die Streifen vom Chinakohl oder vom Eisbergsalat unter den Salat heben. Dann den Salat auf 4 Tellern oder einer großen Platte anrichten. Das Fleisch darüber verteilen und alles mit dem restlichen Dressing beträufeln. Zum Schluss die Erdnusskerne darüberstreuen, wenn gewünscht, und sofort servieren.

Topinambur-Salat ~mit Frühstücksspeck~

Für 4 Personen
Vorbereitungszeit 12 Minuten
Garzeit 10 Minuten

2 EL Olivenöl
8 Streifen geräucherter
   Frühstücksspeck (Bacon), grob
   zerkleinert
1 Knoblauchzehe, zerdrückt
350 g große Topinamburknollen,
   abgebürstet
2 EL gehackte glatte Petersilie
2 EL Balsamessig
1 EL Zitronensaft
Salz und frisch gemahlener schwarzer
   Pfeffer
8 Romanasalatherzen, geviertelt
1 kleine Handvoll gehobelter
   Parmesan

1 EL Öl in einer großen Pfanne auf mittlerer Stufe erhitzen und den Frühstücksspeck sowie den Knoblauch darin 2–3 Minuten unter gelegentlichem Rühren anbraten, bis der Frühstücksspeck sich in der Farbe verändert.

In der Zwischenzeit die Topinamburknollen mit dem flachen Klingeneinsatz des Spiralschneiders zu breiten Spiralen verarbeiten. Besonders lange Streifen mit der Schere kürzen.

Die Topinamburstreifen sofort zum Speck in die Pfanne geben (damit sie nicht braun werden) und 3–4 Minuten anbraten, bis der Speck und der Topinambur leicht knusprig sind. Von der Kochstelle nehmen und die Petersilie untermischen.

Das restliche Öl in einer kleinen Schüssel mit dem Essig und dem Zitronensaft verrühren und nach Belieben mit Salz und Pfeffer abschmecken.

Die Salatherzenstücke auf vier Teller verteilen und die warme Topinambur-Speck-Mischung darübergeben. Den Salat löffelweise mit etwas Dressing beträufeln, den gehobelten Parmesan darüber verteilen und sofort servieren.

Räucherlachssalat mit Dill und Zitrone

Für 4 Personen
Vorbereitungszeit 10 Minuten,
plus Marinierzeit

1 große Fenchelknolle, Enden gerade
    abgeschnitten
1 Zucchini, Enden gerade
    abgeschnitten und quer halbiert
½ Gurke, Enden gerade
    abgeschnitten und quer halbiert
2 TL fein gehackter Dill
2 EL Zitronensaft
1 EL Olivenöl
1 TL extrafeiner Zucker
½ TL Meersalzflocken
8 Scheiben Räucherlachs
Zitronenspalten, zum Anrichten

In diesem geschmackvollen Salat treffen knackige Gemüse-nudeln in frischem Dill-Zitronen-Dressing auf feinen Räu-cherlachs. Köstlich als Vorspeise oder kleines Hauptgericht.

Den Fenchel, die Zucchini und die Gurke mit dem flachen Klingen-einsatz des Spiralschneiders zu breiten Spiralen verarbeiten. Die Gurken mit Küchenpapier trocken tupfen.

Die Gemüsespiralen in einer großen Schüssel mit dem Dill, dem Zi-tronensaft, dem Öl, dem Zucker und dem Salz gründlich vermengen und 10 Minuten ziehen lassen.

Die Spiralen auf 4 Teller aufteilen, den Räucherlachs darüber ver-teilen und sofort servieren. Die Zitronenspalten zum Auspressen dazu reichen.

Räuchermakrelen-salat mit Wachteleiern

Für 4 Personen
Vorbereitungszeit 10 Minuten
Garzeit 20 Minuten

Für die Kartoffelspaghetti
2 Kartoffeln, geschält und die Enden
gerade abgeschnitten
1 EL Olivenöl
Salz und frisch gemahlener schwarzer
Pfeffer

12 Wachteleier
175 g Brunnenkresse oder
Rucolablätter
375 g geräucherte Makrelenfilets
ohne Haut und in große Stücke
zerteilt
16 Kirschtomaten, halbiert

Für das Dressing
2 EL Olivenöl
2 TL körniger Senf
1 EL Weißweinessig
1 TL Honig
1 EL Schnittlauchröllchen

Die Kartoffelspiralen sorgen in diesem Salat für ein knuspriges Geschmackserlebnis. Die Wachteleier können auch durch 4 Hühnereier ersetzt werden, wodurch sich allerdings die Kochzeit der Eier auf 6–8 Minuten erhöht.

Als Erstes werden die knusprigen Kartoffelspiralen zubereitet. Dazu den Backofen auf 180 °C Umluft vorheizen und die Kartoffeln mit dem feinen Klingeneinsatz (3 mm) des Spiralschneiders verarbeiten. Die Kartoffelspaghetti salzen und pfeffern und mit dem Öl in einer Schüssel gründlich vermengen. Ein großes Backblech mit Backpapier auslegen und die Kartoffeln darauf in einer Lage verteilen. Im vorgeheizten Backofen 10 Minuten rösten. Dann wenden und bereits gare Kartoffelspiralen herausnehmen. Die übrigen Kartoffelspaghetti 10 Minuten weiterrösten, bis sie goldgelb und knusprig sind. Herausnehmen und abkühlen lassen.

In der Zwischenzeit die Wachteleier 3 Minuten in kochendem Wasser garen. Die Eier abgießen, in kaltem Wasser abschrecken und dann schälen und längs halbieren.

Für das Dressing das Öl in einer kleinen Schüssel mit dem Senf, dem Essig und dem Honig verquirlen. Nach Geschmack nachwürzen und die Schnittlauchröllchen unterrühren.

Die Brunnenkresse beziehungsweise die Rucolablätter mit etwas von dem Dressing vermengen und auf 4 Teller aufteilen. Die geräucherte Makrele, die Wachteleier und die Tomaten daraufgeben und alles mit dem restlichen Dressing beträufeln. Zum Abschluss die Kartoffelspiralen darüber verteilen und sofort servieren.

Apfel-Chicorée-Salat mit Walnüssen

Für 2 Personen
Vorbereitungszeit 10 Minuten

1 großer roter Tafelapfel, z. B. Gala,
   die Enden gerade abgeschnitten
1 weißer Chicorée, die Blätter
   abgelöst
1 roter Chicorée, die Blätter abgelöst
50 g Brunnenkresse
25 g Walnusskerne, gehackt

Für das Dressing
Saft von ½ Zitrone
1 EL Walnuss- oder Olivenöl
1 TL Dijonsenf
1 TL Honig
Salz und frisch gemahlener schwarzer
   Pfeffer

Der süße Apfel liefert in diesem einfachen Salat den perfekten Kontrast zum eher herben Aroma des Chicorées. Der Salat kommt als Beilage zu gegrilltem Fleisch genauso gut an wie als eigenständige Mahlzeit.

Zunächst für das Dressing alle Zutaten in einer kleinen Schüssel verquirlen und dann mit etwas Salz und Pfeffer abschmecken.

Den Apfel mit dem flachen Klingeneinsatz des Spiralschneiders zu breiten Spiralen verarbeiten.

Die Apfelspiralen, den Chicorée und die Brunnenkresse auf einer großen Platte anrichten, mit Dressing beträufeln und behutsam vermengen. Die Walnusskerne darüberstreuen und sofort servieren.

Geflügelsalat mit grüner Papaya

Für 4 Personen
Vorbereitungszeit 15 Minuten, plus Marinierzeit

1 große grüne Papaya (etwa 650 g), geschält und die Enden gerade abgeschnitten
4 Frühlingszwiebeln, fein gehackt
250 g gegartes Hähnchenbrustfilet ohne Haut, in Stücke gezupft
4 EL gehacktes Koriandergrün
1 kleine Handvoll Minzeblätter, zum Garnieren
Limettenspalten, zum Servieren

Für das Dressing
Saft von 2 Limetten
1 TL Palmzucker oder weicher Rohrrohrzucker
1 kleine rote Chilischote, entkernt und fein gehackt
2 TL fein geriebener frischer Ingwer
2 TL dunkle Sojasauce

Bei grünen, genauer gesagt unreifen Papayas handelt es sich um grüne, längliche Früchte, die mittlerweile in vielen Supermärkten und Asia-Läden leicht zu finden sind. Das köstliche Chili-Limetten-Dressing zieht wunderbar in die zu feinen Spiralen geschnittene Papaya und das gezupfte Fleisch ein.

Die Papaya quer halbieren und die Kerne herauslösen. Die Papayahälften mit dem schmalen Ende nach vorne im Spiralschneider (feiner Klingeneinsatz, 3 mm) zu Spaghetti verarbeiten.

Für das Dressing alle Zutaten in einer kleinen Schüssel verquirlen, bis sich der Zucker vollständig aufgelöst hat.

Die Papaya-Spiralen mit den Frühlingszwiebeln und den Fleischstücken in eine große Schüssel geben, das Dressing darübergießen und gründlich untermengen. 10 Minuten durchziehen lassen und anschließend das Koriandergrün unterrühren. Den Salat mit Minzeblättern garnieren und Limettenspalten zum Auspressen dazu reichen.

Vietnamesischer Nudel-Geflügel-Salat

Für 4 Personen
Vorbereitungszeit 10 Minuten

150 g dünne Instant-Reisnudeln
2 Möhren, geschält, Enden gerade
  abgeschnitten und quer halbiert
½ Gurke, Enden gerade
  abgeschnitten
250 g gegartes Hähnchenbrustfilet
  ohne Haut, in Stücke gezupft
75 g Sojasprossen
4 EL gehackte Minzeblätter
4 EL gehacktes Koriandergrün
50 g geröstete Erdnüsse, gehackt

Für das Dressing
2 EL Reisessig
3 EL Sweet Chili Sauce
1 EL Thai-Fischsauce
4 EL Limettensaft

Zum Garnieren
Korianderblätter
Minzeblätter

Die Nudeln in einer großen Schüssel mit kochendem Wasser bedecken und 3 Minuten durchziehen lassen. Anschließend unter kaltem Wasser abschrecken und abtropfen lassen.

In der Zwischenzeit die Möhren und die Gurke mit dem mittleren Klingeneinsatz (6 mm) des Spiralschneiders zu feinen Spiralen verarbeiten.

Die Gemüsenudeln mit dem Fleisch, den Sojasprossen, den gehackten Kräutern, den Erdnusskernen und den Nudeln in eine große Schüssel geben.

In einer kleinen Schüssel die Dressingzutaten verquirlen.

Das Dressing über den Nudelsalat gießen und gut untermengen. Den Salat auf 4 Schalen aufteilen, mit den Koriander- und Minzeblättern garnieren und sofort servieren.

Birnensalat mit Schinken und Blauschimmelkäse

Für 2 Personen
Vorbereitungszeit 5 Minuten

1 große oder 2 kleine rotschalige
   Birnen, die spitzen Enden
   abgeschnitten
Saft von 1 Zitrone
1 EL natives Olivenöl extra
Salz und frisch gemahlener schwarzer
   Pfeffer
100 g Rucolablätter
4 Scheiben Serranoschinken
75 g Roquefort oder Gorgonzola,
   gewürfelt

Birnen mit roter Schale machen sich hier besonders gut, aber natürlich können auch Birnen mit grüner Schale verwendet werden. Die knackige Konsistenz der Birnen und der cremige Blauschimmelkäse passen einfach gut zusammen.

Die Birnen mit dem mittleren Klingeneinsatz (6 mm) des Spiralschneiders zu feinen Spiralen verarbeiten und in eine Schüssel geben. Mit etwas Zitronensaft beträufeln, damit sie nicht braun werden.

Für das Dressing den restlichen Zitronensaft in einer kleinen Schüssel mit dem Öl verquirlen und mit Salz und Pfeffer würzen.

Die Rucolablätter auf 2 Teller aufteilen, die Birnenspiralen und die Schinkenscheiben daraufgeben und die Käsewürfel darüber verteilen. Alles mit dem Dressing beträufeln und sofort servieren.

Rote-Bete-Salat
~mit Räucherforelle
~und Meerrettich~

Für 2 Personen
Vorbereitungszeit 10 Minuten

2 frische Rote Beten, abgebürstet und
   die Enden gerade abgeschnitten
2 EL fettreduzierte Crème fraîche
2 EL Joghurt griechische Art
1 EL Sahne-Meerrettich
2 TL Weißweinessig
100 g Brunnenkresse
250 g geräucherte Forellenfilets, in
   große Stücke zerteilt
frisch gemahlener schwarzer Pfeffer

Rohe Rote Bete ist mit ihrem hohen Vitamin-C- und Eisen-gehalt ein echter Tausendsassa für das Immunsystem.

Die Rote Bete mit dem feinen Klingeneinsatz (3 mm) des Spiral-schneiders zu Spaghetti verarbeiten.

In einer großen Schüssel die Crème fraîche, den Joghurt, den Sahne-Meerrettich und den Essig verrühren. Die Rote-Bete-Spiralen in die Sauce geben und alles gut vermengen.

Die Brunnenkresse auf 2 Teller aufteilen, die Rote-Bete-Nudeln darüber verteilen und zum Schluss die Forellenstücke. Etwas Pfeffer darübermahlen und sofort servieren.

Haupt-gerichte

Butternusskürbistarte mit Salbei und Ziegenkäse

Für 6–8 Personen
Vorbereitungszeit 10 Minuten
Garzeit 1 Stunde

350 g backfertiger Mürbeteig
1 Packung getrocknete Bohnenkerne
   zum Blindbacken
½ Butternusskürbis (das schmale
   Ende), etwa 500 g, geschält und
   quer halbiert
1 EL Olivenöl
4 Streifen geräucherter
   Frühstücksspeck (Bacon),
   zerkleinert
1 Knoblauchzehe, zerdrückt
150 g Ziegenkäse, grob zerkleinert
300 g Crème double
3 Eier
Salz und frisch gemahlener schwarzer
   Pfeffer
8 Salbeiblätter

Den Backofen auf 190 °C Ober-/Unterhitze vorheizen.

Den Mürbeteig auf einer leicht bemehlten Arbeitsfläche auf die Größe einer 26-cm-Tarteform ausrollen. Die Form einfetten oder mit Backpapier auslegen und den Teig hineinlegen. Mehrmals mit einer Gabel einstechen, Backpapier darüberlegen und Bohnen zum Blindbacken darauf verteilen. Im vorgeheizten Backofen 15 Minuten backen, dann die Bohnen abnehmen und nochmals 5 Minuten backen, bis der Teig goldgelb ist.

In der Zwischenzeit den Kürbis mit dem feinen Klingeneinsatz (3 mm) des Spiralschneiders zu Spaghetti verarbeiten. Insgesamt sollten am Ende etwa 375 g Kürbisspiralen zur Verfügung stehen.

Das Öl in einer Pfanne erhitzen und den Frühstücksspeck darin bei mäßiger Hitze 2–3 Minuten leicht anbräunen. Den Knoblauch unterrühren, 1 Minute später die Kürbisspaghetti dazugeben und dann alles 2–3 Minuten unter Rühren leicht garen. Die Mischung auf dem Teigboden verteilen und die Hälfte des Ziegenkäses darüber verteilen.

Die Eier in einer Schüssel mit der Crème double verquirlen und mit Salz und Pfeffer würzen. Die Sahne-Ei-Mischung über den Kürbis gießen und den restlichen Ziegenkäse sowie die Salbeiblätter darüber verteilen.

40 Minuten backen, bis die Tarte oben goldgelb und die Füllung fest ist. 5 Minuten abkühlen lassen, dann in Stücke schneiden und servieren.

Cottage Pie mit Knusperkruste

Für 4 Personen
Vorbereitungszeit 10 Minuten
Garzeit 40–50 Minuten

1 Zwiebel, die Enden gerade
  abgeschnitten
2 Möhren, geschält, die Enden
  gerade abgeschnitten und quer
  halbiert
500 g Hackfleisch vom Rind
1 EL Mehl
300 ml heiße Rinderbrühe
1 EL Tomatenmark
1 EL Worcestershiresauce
1 EL gemischte getrocknete Kräuter
Weißkohl, in Streifen gehobelt und
  gedämpft, zum Anrichten

Für die Knusperkruste

2 Pastinaken, geschält und die Enden
  gerade abgeschnitten
2 große Kartoffeln, geschält, die
  Enden gerade abgeschnitten und
  quer halbiert
100 g reifer Cheddar, gerieben

Den Backofen auf 180 °C Ober-/Unterhitze vorheizen.

Die Zwiebel und die Möhren mit dem feinen Klingeneinsatz (3 mm) des Spiralschneiders zu Spaghetti verarbeiten und separat aufbewahren.

Das Hackfleisch mit den Zwiebelspaghetti in einem großen Topf ohne Fett bei mittlerer Hitze 3–4 Minuten leicht braun anbraten. Die Möhrenspaghetti dazugeben und das Mehl unterrühren. 1 Minute mit andünsten und dann alle übrigen Zutaten unterrühren. Alles zum Kochen bringen, die Temperatur reduzieren und bei leicht geöffnetem Deckel 15–20 Minuten leise köchelnd eindicken lassen.

Für das Topping die Pastinaken und die Kartoffeln mit dem feinen Klingeneinsatz (3 mm) des Spiralschneiders zu Spaghetti verarbeiten. Die Pastinaken- und Kartoffelstreifen in kochendem Wasser 2–3 Minuten gerade weich garen. Abgießen, gut abtropfen lassen und anschließend leicht abkühlen lassen. Die Gemüsespiralen in einer großen Schüssel sorgfältig mit dem Käse vermengen.

Die Fleischmischung in eine ofenfeste Form (1,5 l Fassungsvermögen) füllen und das Topping darüber verteilen. Im vorgeheizten Ofen 20–25 Minuten backen, bis die Kruste knusprig ist und das Fleisch brodelt. Mit einigen Streifen gedämpftem Weißkohl servieren.

Zucchinetti mit Krabbenfleisch, Chili und Zitrone

Für 2 Personen
Vorbereitungszeit 5 Minuten
Garzeit 5 Minuten

2 große Zucchini, Enden gerade
  abgeschnitten und quer halbiert
1 EL Olivenöl
1 Knoblauchzehe, zerdrückt
1 kleine rote Chilischote, entkernt
  und fein gehackt
100 g frisches weißes Krabbenfleisch
fein abgeriebene Schale und Saft von
  ½ Bio-Zitrone
1 EL gehackte Minzeblätter
frisch gemahlener schwarzer Pfeffer

Die Zucchini mit dem feinen Klingeneinsatz (3 mm) des Spiralschneiders zu Spaghetti verarbeiten.

Das Öl in einem Wok oder einer großen Pfanne erhitzen und Knoblauch und Chili darin bei mäßiger Hitze 2 Minuten andünsten. Die »Zucchinetti« hinzufügen und in 2–3 Minuten gerade weich werden lassen. Das Krabbenfleisch, die Zitronenschale und die Minze dazugeben, behutsam untermengen und mit Pfeffer abschmecken. Sofort servieren.

Hähnchen vom Blech mit Süßkartoffeln

Für 4 Personen
Vorbereitungszeit 10 Minuten
Garzeit 30–35 Minuten

fein abgeriebene Schale und Saft von
  2 Bio-Zitronen, die ausgepressten
  Zitronenhälften aufbewahren
1 EL getrockneter Oregano
2 TL getrockneter Thymian
2 TL Pimentón oder Paprika de la
  Vera
100 ml Weißwein oder Geflügelbrühe
2 EL Olivenöl
Salz und frisch gemahlener schwarzer
  Pfeffer
400 g Süßkartoffeln, geschält und die
  Enden gerade abgeschnitten
4 Hähnchenoberkeulen
4 Hähnchenunterkeulen
6 Knoblauchzehen, ungeschält
14 grüne Oliven, entsteint
gedämpfte grüne Bohnen oder
  Brokkoliröschen, zum Anrichten

Die zu Spiralen geschnittenen Süßkartoffeln garen auf dem Backblech im Handumdrehen. Das ideale Rezept, wenn schnell etwas auf den Tisch kommen muss.

Den Backofen auf 190 °C Ober-/Unterhitze vorheizen.

In einem großen Gefäß den Zitronensaft mit dem Schalenabrieb, den getrockneten Kräutern, dem Paprikapulver, dem Weißwein beziehungsweise der Brühe und dem Olivenöl vermischen und mit Salz und Pfeffer würzen.

Die Süßkartoffeln mit dem feinen Klingeneinsatz (3 mm) des Spiralschneiders zu Spaghetti verarbeiten.

Das Hähnchenfleisch, die Süßkartoffelspaghetti und die Knoblauchzehen in eine große Auflaufform legen. Die Zitronenmischung aus dem Gefäß über das Fleisch und die Kartoffeln gießen und alles gleichmäßig miteinander vermengen. Die Fleischstücke dann mit der Hautseite nach oben auf den Süßkartoffeln verteilen und die beiseitegestellten ausgepressten Zitronenhälften zwischen das Gemüse drücken.

Im vorgeheizten Backofen 20 Minuten garen. Herausnehmen, das Fleisch und die Kartoffeln mit der Zitrusmischung besprenkeln und die Oliven dazugeben. Die Form wieder in den Ofen stellen und nochmals 10–15 Minuten garen, bis das Fleisch goldbraun und die Süßkartoffeln weich sind. Mit gedämpften grünen Bohnen oder Brokkoliröschen servieren.

Süßkartoffel-Curry-Taschen

Ergibt 6 Stück
Vorbereitungszeit 10 Minuten
Garzeit 25–30 Minuten

1 Zwiebel, Enden gerade
    abgeschnitten
2 Süßkartoffeln, etwa 400 g,
    geschält, Enden gerade
    abgeschnitten und halbiert
1 EL Sonnenblumenöl
2 EL rote Thai-Currypaste
4 EL Kokoscreme
2 EL gehacktes Koriandergrün
Salz und frisch gemahlener schwarzer
    Pfeffer
Mehl, zum Bestäuben
375 g backfertiger Blätterteig
1 Ei, verquirlt, zum Glasieren

Den Backofen auf 190 °C Ober-/Unterhitze vorheizen.

Die Zwiebel und die Süßkartoffeln mit dem feinen Klingeneinsatz (3 mm) des Spiralschneiders zu Spaghetti verarbeiten und in separaten Schüsseln aufbewahren.

Das Öl in einem großen Topf oder einer Pfanne mit Deckel erhitzen. Die Zwiebelspiralen darin 1–2 Minuten glasig dünsten, dann die Currypaste unterrühren und 1 Minute erhitzen. Anschließend die Kokoscreme zugeben, alles verrühren und zuletzt die Süßkartoffel-spaghetti unterrühren. Den Deckel auflegen und 2–3 Minuten leise köcheln lassen, bis die Süßkartoffelstreifen weich werden. Die Mischung leicht abkühlen lassen, dann das Koriandergrün unterrühren und mit Salz und Pfeffer abschmecken.

Den Blätterteig auf einer leicht bemehlten Arbeitsfläche etwa 5 mm dick ausrollen. Aus dem Teig 6 runde Platten mit einem Durchmesser von je 15 cm ausschneiden. Die Süßkartoffelmischung gleichmäßig und jeweils in der Mitte leicht gehäufelt auf die Teigplatten verteilen. Dann die Teigränder mit etwas verquirltem Ei bepinseln und den Teig so übereinanderfalten, dass sich ein Halbkreis ergibt. Zum Verschlie-ßen die Teigränder zwischen Zeigefinger und Daumen zusammen-drücken.

Die Taschen auf ein beschichtetes Backblech legen, die Oberseite behutsam mit einer Gabel einstechen und mit dem verquirlten Ei bepinseln. Im vorgeheizten Backofen 20 Minuten backen, bis der Teig aufgegangen und goldgelb ist. Diese Süßkartoffeltaschen sind sowohl warm als auch kalt ein echter Leckerbissen.

Butternusskürbis mit Salbei und Pinienkernen

Für 2 Personen
Vorbereitungszeit 5 Minuten
Garzeit 10 Minuten

½ Butternusskürbis (das schmale
   Ende), etwa 500 g, geschält und
   quer halbiert
25 g Butter
8 Salbeiblätter
25 g Pinienkerne
25 g Parmesan, frisch gerieben
frisch gemahlener schwarzer Pfeffer
knackiger grüner Salat, zum
   Anrichten

Den Kürbis mit dem feinen Klingeneinsatz (3 mm) des Spiral-schneiders verarbeiten. Insgesamt sollten am Ende etwa 375 g Kürbisspaghetti zur Verfügung stehen.

In einer großen Pfanne auf mittlerer Stufe die Butter zerlassen. Sobald sie anfängt zu schäumen, die Salbeiblätter und die Pinienker-ne darin 1–2 Minuten anrösten, bis der Salbei knusprig ist und die Pinienkerne sich goldgelb verfärben. Die Kürbisspiralen hinzufügen und in etwa 5–6 Minuten unter Rühren weich dünsten. Von der Kochstelle nehmen und die Hälfte des Parmesans unterrühren.

Den Kürbis auf 2 Schalen aufteilen, mit dem restlichen Parmesan bestreuen und reichlich Pfeffer darübermahlen. Dazu knackigen grünen Salat reichen.

Pad Thai mit Garnelen

Für 2 Personen
Vorbereitungszeit 15 Minuten
Garzeit 10 Minuten

Für die Nudelsauce

2 EL Tamarindenmark
2 EL Fischsauce
2 EL Palmzucker oder weicher
   Rohrohrzucker
Saft einer Limette

1 Daikon-Rettich, etwa 375 g,
   geschält, Enden gerade
   abgeschnitten und quer halbiert
1 Möhre, Enden gerade
   abgeschnitten und quer halbiert
2 EL Erdnuss- oder Sonnenblumenöl
1 Knoblauchzehe, gehackt
1 rote Chilischote, entkernt und fein
   gehackt
1 Bund Frühlingszwiebeln, in Ringe
   geschnitten
125 g rohe geschälte Garnelen
2 Eier, verquirlt
200 g Sojasprossen

Zum Garnieren

2 EL blanchierte Erdnüsse, geröstet
   und grob gehackt
4 EL gehacktes Koriandergrün
Limettenspalten, zum Servieren

In diesem Pad-Thai-Rezept werden die üblichen flachen Reisnudeln durch spiralig geschnittenen Daikon-Rettich ersetzt, sodass am Ende ein wunderbar kohlenhydratarmes Gericht auf dem Tisch steht.

Zunächst wird die Nudelsauce zubereitet. Dazu in einer kleinen Schüssel das Tamarindenmark mit der Fischsauce, dem Zucker und dem Limettensaft verquirlen.

Den Daikon mit dem mittleren Klingeneinsatz (6 mm) des Spiralschneiders zu feinen Spiralen schneiden. Dann mit dem feineren 3-mm-Einsatz die Möhre in einen separaten Behälter schneiden.

Einen Wok auf hoher Stufe erhitzen und 1 EL von dem Öl darin schwenken. Den Knoblauch, den Chili und die Frühlingszwiebeln dazugeben und unter ständigem Rühren 1 Minute anbraten. Die Rettichspiralen im Wok 2 Minuten anbraten, dann die Möhrenspiralen sowie die Garnelen dazugeben und 1–2 Minuten unter Rühren anbraten, bis die Garnelen rosafarben geworden sind.

Die angebratenen Zutaten im Wok an die Seite schieben und das restliche Öl zugeben. Die Eier in den Wok gießen und unter ständigem Rühren garen, bis sie zu stocken beginnen.

Die Sojasprossen dazugeben und die Nudelsauce darübergießen. Alles miteinander vermengen und unter ständigem Rühren 2 Minuten gründlich erhitzen. Die Hälfte der Garnierung unterrühren, dann die Masse auf Schalen verteilen und mit der restlichen Garnierung bestreuen. Sofort servieren und Limettenspalten zum Auspressen dazu reichen.

Spanische Chorizo-Tortilla

Für 6 Personen
Vorbereitungszeit 10 Minuten
Garzeit 20–25 Minuten

1 große Zwiebel, Enden gerade
   abgeschnitten
450 g Kartoffeln, geschält und die
   Enden gerade abgeschnitten
2 EL Olivenöl
175 g Chorizo (spanische Hartwurst
   vom Schwein), in Würfel
   geschnitten
5 Eier
2 EL gehackte glatte Petersilie
Salz und frisch gemahlener schwarzer
   Pfeffer
1 TL Pimentón oder Paprika de la
   Vera, zum Bestreuen

Eine Tortilla auf der Grundlage von Kartoffelspiralen gart sehr viel schneller als die traditionelle Variante mit Kartoffelscheiben.

Den Backofengrill vorheizen.

Die Zwiebel und die Kartoffeln mit dem feinen Klingeneinsatz (3 mm) des Spiralschneiders zu Spaghetti verarbeiten und in separaten Schüsseln aufbewahren.

1 EL Olivenöl in einer beschichteten, ofenfesten Pfanne (20 cm Durchmesser) mit Deckel erhitzen. Die Chorizowürfel und die Zwiebelspiralen darin bei mäßiger Hitze 2–3 Minuten anbraten, bis die Zwiebel weich ist und das würzige Fett ausgelassen ist. Nun die Kartoffelspiralen zugeben und mit dem Pfanneninhalt gründlich vermengen. Zugedeckt 5 Minuten garen, bis die Kartoffeln gerade eben weich sind. Zwischendurch die Kartoffeln einmal durchrühren und die Pfanne hin und wieder schwenken.

Die Eier in einer großen Schüssel mit der Petersilie sowie Salz und Pfeffer verquirlen, die Kartoffelmischung dazugeben und alles gründlich miteinander vermengen.

Das restliche Öl in der Pfanne erhitzen und die Eier-Kartoffel-Masse darin bei schwacher Hitze 8–10 Minuten ohne Rühren stocken lassen.

Die Pfanne unter den vorgeheizten Backofengrill schieben und 2–3 Minuten überbacken, bis die Tortilla an der Oberfläche schön goldbraun ist.

Die fertige Tortilla auf einen Teller legen, mit dem geräucherten Paprikapulver bestreuen, in Stücke schneiden und servieren.

Sesam-Ingwer-Lachs ~en papillote~

Für 2 Personen
Vorbereitungszeit 10 Minuten
Garzeit 12–15 Minuten

1 Stück (2,5 cm) frischer Ingwer,
  geschält und in feine Stäbchen
  geschnitten
2 EL helle Sojasauce
2 EL chinesischer Reisessig
1 TL dunkles Sesamöl
1 Möhre, geschält, Enden gerade
  abgeschnitten und quer halbiert
1 Zucchini, Enden gerade
  abgeschnitten und quer halbiert
4 Frühlingszwiebeln, in feine
  Scheiben geschnitten
2 Lachsfilets ohne Haut (à etwa
  200 g)
2 TL weiße Sesamsamen, geröstet
gedämpfter Reis, zum Servieren

In der Papierhülle garen die feinen Spiralen aus Möhre und Zucchini zusammen mit Lachs und Ingwer auf den Punkt genau und besonders schonend.

Den Backofen auf 200 °C Ober-/Unterhitze vorheizen.

In einer kleinen Schüssel die Ingwerstäbchen mit der Sojasauce, dem Reisessig und dem Sesamöl zu einer Sauce verrühren.

Die Möhre und die Zucchini mit dem feinen Klingeneinsatz (3 mm) des Spiralschneiders zu Spaghetti verarbeiten.

2 quadratische Stücke Backpapier (etwa 23 cm Seitenlänge) auf ein großes Backblech legen. Die Gemüsespiralen und die Frühlingszwiebeln auf die beiden Papierstücke aufteilen und darauf jeweils ein Lachsfilet legen. Mit der Sauce begießen und dann mit den Sesamsamen bestreuen. Die beiden Päckchen so zusammenfalten, dass sie dicht verschlossen sind.

Die Päckchen auf ein Backblech legen und im vorgeheizten Ofen 12–15 Minuten garen, bis der Lachs nicht mehr glasig ist und leicht zerfällt. Zum Anrichten jedes Päckchen auf einem Teller vorsichtig öffnen und dazu gedämpften Reis reichen.

Einfaches Kartoffel-Moussaka

Für 4 Personen
Vorbereitungszeit 10 Minuten
Garzeit 50–55 Minuten

1 große Zwiebel, die Enden gerade
    abgeschnitten
500 g Lammhack
1 Knoblauchzehe, zerdrückt
1 TL gemahlener Zimt
2 TL getrockneter Oregano
150 ml trockener Rotwein oder
    Lammfond
1 Dose (400 g) stückige Tomaten
2 EL Tomatenmark
Salz und frisch gemahlener schwarzer
    Pfeffer
500 g Kartoffeln, geschält und die
    Enden gerade abgeschnitten
300 g Joghurt griechische Art (nach
    Belieben fettfrei)
2 Eier, verquirlt
125 g fettarmer reifer Cheddar,
    gerieben
knackiger grüner Salat, zum
    Anrichten

Diese Familienmahlzeit ist schnell angerichtet und enthält sehr viel weniger Fett als die traditionelle, mit Auberginen zubereitete Moussaka.

Den Backofen auf 180 °C Ober-/Unterhitze vorheizen.

Die Zwiebel mit dem feinen Klingeneinsatz (3 mm) des Spiralschneiders zu Spaghetti schneiden.

Das Hackfleisch, die Zwiebelspaghetti und den Knoblauch in einem großen Topf ohne Fett 3–4 Minuten anbraten. Den Zimt, den Oregano, den Wein oder Fond, die Tomaten, das Tomatenmark, Salz und Pfeffer dazugeben, alles zum Kochen bringen und zugedeckt 15 Minuten köcheln lassen.

In der Zwischenzeit die Kartoffeln mit dem flachen Klingeneinsatz des Spiralschneiders zu breiten Spiralen schneiden. Die Kartoffelspiralen in einem Topf mit leicht gesalzenem kochenden Wasser in 3–4 Minuten gerade weich garen. Gut abtropfen lassen.

In einer kleinen Schüssel den Joghurt und die Eier glatt rühren und den Großteil vom Käse unterrühren.

Die Hälfte der Fleischmischung auf dem Boden einer ofenfesten Form mit 1,5 l Fassungsvermögen verteilen. Anschließend die Hälfte der Kartoffeln, die zweite Hälfte der Fleischmischung und zum Schluss wieder Kartoffeln darüberschichten. Die Joghurtmischung mit einem Löffel auf den Kartoffeln verteilen und den restlichen Käse darüberstreuen.

Die Moussaka im vorgeheizten Backofen 25–30 Minuten backen, bis sie an der Oberfläche schön goldgelb ist und Blasen wirft. Als Beilage knackigen grünen Salat reichen.

Gebackener Kabeljau mit Kartoffel-Topping

Für 2 Personen
Vorbereitungszeit 10 Minuten
Garzeit 40–45 Minuten

1 Zwiebel, Enden gerade
    abgeschnitten
2 EL Sonnenblumenöl
1 Knoblauchzehe, zerdrückt
1 Stück (2,5 cm) frischer Ingwer,
    geschält und gehackt
2 EL Tikka-Masala-Paste oder eine
    andere mittelscharfe Currypaste
1 EL Zitronensaft
1 Dose (400 g) stückige Tomaten
150 ml Gemüsebrühe
Salz und frisch gemahlener schwarzer
    Pfeffer
200 g junger Spinat
2 EL gehacktes Koriandergrün
2 Kartoffeln, etwa 500 g, geschält,
    Enden gerade abgeschnitten und
    halbiert
2 dicke Stücke Kabeljaufilet ohne
    Haut, je 150–175 g

Den Backofen auf 180 °C Ober-/Unterhitze vorheizen.

Die Zwiebel mit dem feinen Klingeneinsatz (3 mm) des Spiralschneiders zu Spaghetti verarbeiten.

1 EL von dem Öl in einem großen Topf erhitzen und darin bei mäßiger Hitze die Zwiebelspiralen, den Knoblauch und den Ingwer 2–3 Minuten weich dünsten. Die Currypaste unterrühren und 1 Minute erhitzen. Dann den Zitronensaft, die Tomaten und die Brühe dazugeben und mit Salz und Pfeffer abschmecken. Zum Kochen bringen und zugedeckt 5 Minuten köcheln lassen. Den Spinat und das Koriandergrün unterrühren und den Topf vom Herd nehmen.

Die Kartoffeln mit dem feinen Klingeneinsatz (3 mm) des Spiralschneiders verarbeiten. Die Kartoffelspiralen auf ein sauberes Küchentuch oder Küchenpapier legen und überschüssige Feuchtigkeit behutsam ausdrücken. Zusätzlich noch mit Küchenpapier trocken tupfen.

Die gut getrockneten Kartoffelspiralen in eine große Schüssel geben, das restliche Öl, Salz und Pfeffer zugeben und alles gründlich miteinander vermengen.

Die Currymischung auf den Boden einer ofenfesten Form (etwa 1,2 l Fassungsvermögen) geben, die Kabeljaufilets darauflegen und mit den Kartoffelspiralen abdecken. Im vorgeheizten Ofen 30–35 Minuten backen, bis die Kartoffeln knusprig und gar sind und der Fisch gut durchgegart ist.

Butternusskürbis mit Ricotta und Kräutern

Für 2 Personen
Vorbereitungszeit 5 Minuten
Garzeit 10 Minuten

½ Butternusskürbis (das schmale
  Ende), etwa 500 g, geschält und in
  der Breite halbiert
125 g Ricotta
2 EL gehackte frische Kräuter,
  beispielsweise Petersilie,
  Schnittlauch und Basilikum
fein abgeriebene Schale und Saft von
  1 kleinen Bio-Zitrone
1 EL Sonnenblumenöl
1 Knoblauchzehe, zerdrückt
100 g junger Spinat
100 g Erbsen, tiefgekühlt
Salz und frisch gemahlener schwarzer
  Pfeffer
frisch geriebener Parmesan, zum
  Servieren

Den Kürbis mit dem feinen Klingeneinsatz (3 mm) des Spiralschneiders zu Spaghetti schneiden.

Den Ricotta in einer kleinen Schüssel mit den Kräutern, der Zitronenschale und dem Zitronensaft zu einer Sauce verrühren.

Das Öl in einem großen Wok oder einer großen Pfanne auf mittlerer Stufe erhitzen. Den Knoblauch darin 1 Minute dünsten, dann die Kürbisspiralen dazugeben und etwa 5 Minuten unter Rühren anbraten, bis der Kürbis weich wird, aber noch nicht auseinanderfällt. Den Spinat und die Erbsen unterrühren und 2 Minuten mitgaren, bis der Spinat zusammengefallen ist.

Die Ricotta-Kräuter-Sauce mit 4 EL kochendem Wasser zum Gemüse geben und unter Rühren nochmals 1–2 Minuten garen, bis sich die Sauce überall gut verteilt hat. Mit Salz und Pfeffer abschmecken, etwas Parmesan darüberstreuen und sofort servieren.

Marokkanische Geflügelburger

Für 6 Personen
Vorbereitungszeit 10 Minuten, plus Kühlzeit
Garzeit 15 Minuten

Für die Burger

1 große Zucchini, Enden gerade
   abgeschnitten und quer halbiert
500 g mageres Hackfleisch von Pute
   oder Huhn
4 Frühlingszwiebeln, gehackt
1 Knoblauchzehe, zerdrückt
2 EL gehackte Minzeblätter
2 EL gehacktes Koriandergrün
1 EL Harissa-Paste
2 TL gemahlener Kreuzkümmel
1 Ei, verquirlt
1 TL Salz
frisch gemahlener schwarzer Pfeffer
1 EL Sonnenblumenöl, zum Einpinseln

Für den Sumach-Joghurt-Dip

200 g Joghurt griechische Art (nach
   Belieben fettfrei)
1 Knoblauchzehe, zerdrückt
fein abgeriebene Schale und Saft von
   ½ Bio-Zitrone
1 EL Sumach (türkisches Gewürz)

Diese herzhaften Burger schmecken hervorragend mit Fladenbrot, Blattsalat und reichlich Sumach-Joghurt-Dip.

Die Zucchini mit dem feinen Klingeneinsatz (3 mm) des Spiralschneiders zu Spaghetti schneiden.

Alle Zutaten für die Burger in einer großen Schüssel mit den Händen gründlich vermischen. Die Masse in 6 Portionen aufteilen und daraus große Burger formen. Die Burger auf einer Platte im Kühlschrank 15 Minuten kühlen.

Inzwischen den Backofengrill auf hoher Stufe vorheizen.

Die Burger auf ein mit Backpapier ausgelegtes Backblech legen und mit etwas Öl einpinseln. Dann unter dem heißen Grill von jeder Seite 6–7 Minuten grillen, bis sie gut durchgegart sind.

Während die Burger garen, für die Dip-Sauce alle Zutaten in einer kleinen Schale mischen und würzig abschmecken.

Die Burger frisch aus dem Ofen servieren und den Sumach-Joghurt-Dip dazu reichen.

Zucchinetti mit Tomatenpesto

Für 4 Personen
Vorbereitungszeit 10 Minuten
Garzeit 5 Minuten

Für das Tomatenpesto
1 Glas (280 g) in Öl eingelegte
   getrocknete Tomaten
50 g Pinienkerne, leicht angeröstet
2 Knoblauchzehen, gehackt
1 TL Meersalzflocken
50 g Basilikumblätter
125 g Parmesan, frisch gerieben

4 Zucchini, Enden gerade
   abgeschnitten und quer halbiert
2 EL Olivenöl
frisch gemahlener schwarzer Pfeffer
Rucola, zum Anrichten

Das Rezept ergibt mehr Tomatenpesto als hier benötigt wird. Der Rest hält sich in einem kleinen Einmachglas oder in einer Frischhaltedose im Kühlschrank 3–4 Tage, dabei muss es vollständig mit Olivenöl bedeckt sein. Wer die Zucchinispaghetti lieber roh isst, vermengt sie einfach mit dem Pesto und lässt sie 10 Minuten durchziehen.

Für das Tomatenpesto die in Öl eingelegten getrockneten Tomaten abtropfen lassen und dabei das Öl auffangen. Dann mit den Pinienkernen, dem Knoblauch und dem Salz in der Küchenmaschine zu einer Paste verarbeiten. Eventuell muss man hin und wieder die Paste mit einem Teigschaber am Rand nach unten schieben. Nach und nach die Basilikumblätter zugeben und ebenfalls pürieren. Die Paste in eine Schüssel geben und den geriebenen Parmesan sowie das restliche Öl unterrühren.

Die Zucchini mit dem feinen Klingeneinsatz (3 mm) des Spiralschneiders zu Spaghetti verarbeiten.

Das Öl in einer großen Pfanne erhitzen und die »Zucchinetti« darin bei mäßiger Hitze 2–3 Minuten andünsten, bis sie heiß sind. Die Hälfte des Tomatenpestos unterrühren und sorgfältig vermengen, damit sich die Sauce rundum auf den Spaghetti verteilt.

In vier Portionen aufteilen, reichlich Pfeffer darübermahlen und mit dem Rucola servieren.

Würzige Bratwurst-Bacon-Pfanne

Für 2 Personen
Vorbereitungszeit 5 Minuten
Garzeit 15–20 Minuten

2 würzige, rohe Bratwürste
1 Zwiebel, Enden gerade
  abgeschnitten
2 große Kartoffeln, etwa 450 g,
  geschält, Enden gerade
  abgeschnitten und halbiert
1 EL Sonnenblumenöl
2 Streifen geräucherter
  Frühstücksspeck (Bacon),
  zerkleinert
2 große Eier
Salz und frisch gemahlener schwarzer
  Pfeffer

Das Wurstbrät aus der Wursthülle drücken und in kleine Stücke zerteilen.

Die Zwiebel und die Kartoffeln mit dem feinen Klingeneinsatz (3 mm) des Spiralschneiders zu Spaghetti verarbeiten und in separaten Schüsseln aufbewahren. Die Kartoffelspaghetti auf ein sauberes Küchentuch oder Küchenpapier legen und überschüssige Feuchtigkeit behutsam ausdrücken.

Das Öl in einer Pfanne erhitzen und das Wurstbrät sowie den Frühstücksspeck darin bei mäßiger Hitze 3–4 Minuten anbraten, bis beides braun und knusprig ist. Das Wurstbrät gegebenenfalls noch mit einem Holzlöffel zerkleinern. Die Zwiebelspiralen dazugeben und 2 Minuten mitbraten, bis sie weich sind, dann die Kartoffelspiralen unterrühren und mit Salz und Pfeffer abschmecken. Alles gründlich mischen und 3–4 Minuten anbraten, bis die Kartoffeln knusprig werden. Dann die Mischung umrühren und nochmals 3–4 Minuten garen, bis die Kartoffelspiralen gar und schön knusprig sind.

Mit dem Löffelrücken 2 Mulden in die Mischung drücken. Die Eier aus der Schale in die Mulden geben und 2–3 Minuten mitgaren, bis sie gerade gestockt sind. Sofort servieren.

Kochbananen-Geflügel-Curry mit Kokosnuss

Für 4 Personen
Vorbereitungszeit 10 Minuten
Garzeit 30 Minuten

2 grüne Kochbananen (die
   geradesten, die aufzutreiben sind)
1 Zwiebel, Enden gerade
   abgeschnitten
2 EL Erdnussöl
1 Knoblauchzehe, zerdrückt
1 Stück (2,5 cm) frischer Ingwer,
   gerieben
1 EL mittelscharfes Currypulver
3 Hähnchenbrustfilets ohne Haut, in
   Stücke geschnitten
400 ml Kokosmilch
300 ml Hühnerbrühe
Salz und frisch gemahlener schwarzer
   Pfeffer
fein abgeriebene Schale und Saft von
   2 Bio-Limetten
200 g junger Spinat

Zum Anrichten
Naan (indisches Brot)
2 Limetten, halbiert

Die Kochbananen in der Mitte durchschneiden. Die Schale anritzen und abziehen, dann an den Enden gerade abschneiden. Die Kochbananen mit dem feinen Klingeneinsatz (3 mm) des Spiralschneiders zu Spaghetti schneiden, die Zwiebel anschließend ebenso, aber in eine separate Schüssel geben.

1 EL Öl in einem großen Topf erhitzen und darin die Zwiebelspiralen, den Knoblauch und den Ingwer bei mäßiger Hitze 3–4 Minuten weich dünsten. Das Currypulver zugeben und 1 Minute mitbraten, dann das Fleisch in den Topf geben und 3–4 Minuten leicht anbräunen. Die Kokosmilch und die Brühe zugießen, alles zum Kochen bringen und 15 Minuten köcheln lassen. Nach Geschmack mit Salz und Pfeffer würzen. Die Bananenspiralen bis auf eine Handvoll unterrühren – diese werden später gebraten. Den Deckel auflegen und 5–6 Minuten leise köcheln lassen, bis die Bananen gerade eben weich sind. Den Topf vom Herd nehmen, den Saft und die Schale der Limetten sowie die Spinatblätter unterrühren und 2–3 Minuten stehen lassen, bis der Spinat zusammengefallen ist.

Inzwischen das restliche Öl in einer kleinen Pfanne erhitzen und die aufbewahrten Bananenspiralen darin bei mäßiger Hitze 2–3 Minuten knusprig braten.

Das Curry auf Schalen verteilen und die knusprig gebratenen Bananenspiralen darüberstreuen. Sofort servieren und dazu Naan-Brot sowie Zitronenspalten zum Auspressen reichen.

Frikadelle mit Apfel und Salbei

Für 4 Personen
Vorbereitungszeit 5 Minuten
Garzeit 15 Minuten

1 kleine Zwiebel, Enden gerade
   abgeschnitten
1 großer Tafelapfel, Enden gerade
   abgeschnitten
500 g mageres Schweinehack
2 EL gehackte Salbeiblätter
1 EL körniger Senf
25 g Semmelbrösel
Salz und frisch gemahlener schwarzer
   Pfeffer
1 EL Sonnenblumenöl
200 ml heiße Hühnerbrühe
Gemüse der Saison, zum Anrichten

Diese Frikadellen aus Schweinehack lassen sich auch gut als Burger zubereiten. Dazu einfach mit etwas Öl einpinseln und von jeder Seite 6–7 Minuten grillen, bis sie durchgegart sind.

Die Zwiebel und den Apfel mit dem feinen Klingeneinsatz (3 mm) des Spiralschneiders zu Spaghetti verarbeiten.

Das Schweinehack, die Zwiebel- und Apfelspiralen, den Salbei, den Senf und die Semmelbrösel in einer großen Schüssel mit Salz und Pfeffer würzen. Mit den Händen alles kräftig vermengen, in 12 Portionen aufteilen und diese zu Frikadellen formen.

Das Öl in einer großen Pfanne erhitzen und bei mäßiger Hitze die Frikadellen darin von jeder Seite 3–4 Minuten braten, bis sie durchgegart sind. Dann aus der Pfanne nehmen und beiseitestellen.

Die Brühe in die Pfanne gießen, zum Siedepunkt bringen und 2 Minuten köcheln lassen, bis die Flüssigkeit leicht eingekocht ist. Zwischendurch rühren, um den Bratensatz vom Boden zu lösen.

Die Frikadellen auf 4 Teller verteilen und zusammen mit zur Jahreszeit passendem Gemüse und dem Fleischsaft aus der Pfanne servieren.

Pizza Margherita mit Zucchiniboden

Für 4 Personen
Vorbereitungszeit 10 Minuten
Garzeit 30 Minuten

etwas Sonnenblumenöl, zum
    Einpinseln
4 Zucchini, Enden gerade
    abgeschnitten und quer halbiert
1 TL Knoblauchpaste
125 g fettarmer, reifer Cheddar
2 TL gemischte getrocknete Kräuter
50 g glutenfreies Mehl
2 Eier, verquirlt
1 TL Salz

Für die Tomatensauce

1 Dose (200 g) stückige Tomaten
2 EL Tomatenmark
½ TL extrafeiner Zucker
1 TL gemischte getrocknete Kräuter
Salz und frisch gemahlener schwarzer
    Pfeffer

Für den Belag

200 g Mozzarella, in Scheiben
    geschnitten
2 Tomaten, in Scheiben geschnitten
2 EL Pesto
einige Basilikumblätter

Wer sich glutenfrei ernährt, kann bei dieser Pizza bedenkenlos zugreifen. Der Belag bleibt voll und ganz den persönlichen Vorlieben überlassen.

Ein großes Backblech mit Backpapier auslegen und mit etwas Öl einpinseln.

Den Backofen auf 200 °C Ober-/Unterhitze vorheizen.

Die Zucchini mit dem feinen Klingeneinsatz (3 mm) des Spiralschneiders zu Spaghetti schneiden, diese auf ein sauberes Küchentuch legen und überschüssige Feuchtigkeit behutsam ausdrücken.

Die Zucchinispaghetti in eine große Schüssel füllen und die Knoblauchpaste, den Cheddar, die Kräutermischung, das Mehl, die Eier sowie Salz zugeben und alles sorgfältig vermengen. Die Mischung in die Mitte des vorbereiteten Backblechs geben und zu einer 30 cm großen runden Scheibe formen – dies ergibt den Pizzaboden.

Im vorgeheizten Backofen 20 Minuten backen, bis die Kruste schön goldbraun ist. Ein zweites großes Backblech oben auf den Zucchiniboden legen und diesen vorsichtig auf das neue Backblech stürzen. Das Backpapier abziehen und den Zucchiniboden nochmals 5 Minuten in den Ofen schieben, bis er auch goldbraun ist.

In der Zwischenzeit alle Zutaten für die Tomatensauce in einem kleinen Topf bei schwacher Hitze und unter gelegentlichem Rühren 5 Minuten köcheln und anschließend abkühlen lassen.

Die Tomatensauce auf dem Zucchiniboden verteilen, mit Mozzarella und Tomatenscheiben belegen und mit dem Pesto beträufeln. Die Pizza nun im Backofen 5–6 Minuten backen, bis der Käse zerlaufen ist. Die Basilikumblätter darüber verteilen und sofort servieren.

Mexikanischer Bohnen-Burger

Für 4 Personen
Vorbereitungszeit 15 Minuten, plus
Kühlzeit
Garzeit 15–20 Minuten

1 Zwiebel, Enden gerade
    abgeschnitten
1 Süßkartoffel, etwa 275 g, geschält,
    Enden gerade abgeschnitten und
    quer halbiert
1 EL Sonnenblumenöl
1 grüne Chilischote, entkernt und
    fein gehackt
2 TL Fajita-Würzmischung
1 Dose (400 g) rote Kidneybohnen,
    abgegossen und abgespült
4 EL gehacktes Koriandergrün
Salz und frisch gemahlener schwarzer
    Pfeffer
1 Ei
2 TL Chipotle-Paste

Zum Anrichten
4 Weizenmehltortillas
knackiger Blattsalat
frische Tomaten-Salsa
Guacamole
4 Limettenspalten

Die Zwiebel und die Süßkartoffel mit dem feinen Klingeneinsatz (3 mm) des Spiralschneiders zu Spaghetti verarbeiten.

Das Öl in einer kleinen Pfanne erhitzen und bei mäßiger Hitze die Zwiebelspiralen mit dem Chili darin 2–3 Minuten weich dünsten. Die Gewürzmischung unterrühren und 1 Minute mitbraten. Dann die Süßkartoffelspiralen dazugeben und 4–5 Minuten mitbraten, bis sie weich sind. Anschließend leicht abkühlen lassen.

Die Kidneybohnen in einer großen Schüssel mit einem Kartoffelstampfer oder einer Gabel zerdrücken, dann das Koriandergrün dazugeben und mit Salz und Pfeffer kräftig abschmecken. Anschließend die Süßkartoffelmischung unterrühren.

In einer kleinen Schüssel das Ei mit der Chipotle-Paste verrühren, die Masse über die Süßkartoffel-Bohnen-Mischung gießen und alles mit der Gabel kräftig durchmischen. Die Masse in 4 Portionen aufteilen und mit den Händen Burger daraus formen. Die Burger auf einer Platte 15 Minuten in den Kühlschrank stellen und in der Zwischenzeit den Backofengrill auf mittlerer bis hoher Stufe vorheizen.

Die Burger auf ein beschichtetes Backblech legen und unter dem vorgeheizten Grill von jeder Seite 4–5 Minuten grillen, bis sie goldbraun und durchgegart sind.

Die Tortillas aufwärmen. Auf jede Tortilla einige Salatblätter, einen Löffel Salsa, einen Burger und schließlich einen Klecks Guacamole geben. Sofort servieren und Limettenspalten zum Auspressen dazu reichen.

Rindfleisch-Brokkoli-Pfanne

Für 4 Personen
Vorbereitungszeit 10 Minuten, plus
   Marinierzeit
Garzeit 10 Minuten

1 Stück (2,5 cm) frischer Ingwer, geschält und in feine Streifen geschnitten

1 Knoblauchzehe, zerdrückt

1 TL Speisestärke

2 EL dunkle Sojasauce

2 EL Sherry oder chinesischer Kochwein (Shaoxing-Reiswein)

1 Rumpsteak (500 g), vom Fett befreit und in dünne Streifen geschnitten

2 Möhren, geschält, Enden gerade abgeschnitten und quer halbiert

1 Kopf Brokkoli, etwa 200 g

1 EL Sonnenblumenöl

75 g Cashewkerne, geröstet

300 g vorgegarte Eiernudeln

2 EL Austernsauce

100 ml Rinderfond oder Wasser

Werfen Sie bei der Zubereitung von Brokkoli die Stiele nicht weg. Sie lassen sich wunderbar zu Spiralen schneiden und in Gemüsepfannen verwerten.

In einer großen Schüssel aus dem Ingwer, dem Knoblauch, der Speisestärke und je 1 EL Sojasauce und Sherry beziehungsweise Shaoxing-Reiswein eine Marinade mischen, die Rindfleischstreifen hineingeben und 15 Minuten ziehen lassen.

Die Möhren mit dem feinen Klingeneinsatz (3 mm) des Spiralschneiders zu Spaghetti schneiden. Den Brokkolistrunk abschneiden und mit dem 6-mm-Klingeneinsatz in Spiralen schneiden. Den Brokkolikopf in kleine Röschen zerteilen.

In einem Topf reichlich Wasser zum Kochen bringen und die Röschen darin etwa 2 Minuten blanchieren. Abgießen und sofort in kaltem Wasser abschrecken. Nochmals abtropfen lassen und mit Küchenpapier trocken tupfen.

2 TL Öl in einem Wok oder einer großen Pfanne stark erhitzen. Die Fleischstreifen mit der Marinade in das Fett geben und 2–3 Minuten kräftig anbraten. Mit einem Schaumlöffel aus der Pfanne nehmen und auf einem Teller beiseitestellen.

Das restliche Öl in den Wok oder die Pfanne geben und die Möhren, die Brokkolispiralen, die Brokkoliröschen und die Cashewkerne darin 2–3 Minuten anbraten, bis das Gemüse gerade weich ist.

Das Fleisch mit dem Bratensaft zurück in den Wok oder die Pfanne geben. Die Nudeln dazugeben und dann die restliche Sojasauce und den Sherry bzw. den Shaoxing-Reiswein, die Austernsauce und den Fond oder das Wasser unterrühren. Unter Rühren köcheln lassen, bis sich die Sauce überall gut verteilt hat, und dann sofort servieren.

Frikadellen aus geräuchertem Schellfisch

Für 4 Personen
Vorbereitungszeit 20 Minuten
Garzeit 30–35 Minuten

250 g geräuchertes Schellfischfilet,
    grätenfrei und ohne Haut
2 Kartoffeln, etwa 450 g,
    geschält und die Enden gerade
    abgeschnitten
2 EL gehackte glatte Petersilie
2 EL fettreduzierte Mayonnaise
1 EL körniger Senf
2 EL Mehl, Type 405
1 Ei, verquirlt
Salz und frisch gemahlener schwarzer
    Pfeffer

Zum Anrichten
Rucolablätter
Zitronenspalten

Den Backofen auf 200 °C vorheizen.

Den geräucherten Schellfisch in einem Topf mit siedendem Wasser 4–5 Minuten ziehen lassen, bis das Fleisch leicht auseinanderfällt. Mit einem Schaumlöffel herausnehmen und auf einem Teller abkühlen lassen.

Die Kartoffeln mit dem feinen Klingeneinsatz (3 mm) des Spiralschneiders zu Spaghetti verarbeiten und diese in einem Topf mit kochendem gesalzenem Wasser in 3–4 Minuten gerade weich kochen lassen. Abgießen und leicht abkühlen lassen.

Den Fisch in Stückchen in eine große Schüssel geben. Die Kartoffeln sowie die Petersilie, die Mayonnaise, den Senf, das Mehl und das Ei hinzufügen, alles gründlich vermengen und mit Salz und Pfeffer würzen.

Ein großes Backblech mit Backpapier auslegen. Einen Vorspeisenring oder eine Ausstechform mit einem Durchmesser von 8,5 cm auf das Backblech legen und etwas von der Fischmischung so hineingeben, dass daraus eine Art Frikadelle entsteht. Den Ring abnehmen und mit der restlichen Masse ebenso verfahren. Am Ende sollte man 8 Frikadellen haben.

Die Fischfrikadellen im vorgeheizten Backofen 20–25 Minuten garen, bis sie knusprig sind. Die Fischfrikadellen mit Rucola servieren und Zitronenspalten zum Auspressen dazu reichen.

Beilagen und Extras

Süßkartoffelgratin

Für 6 Personen
Vorbereitungszeit 10 Minuten
Garzeit 1 Stunde

15 g Butter
500 g Kartoffeln geschält, Enden
  gerade abgeschnitten und quer
  halbiert
500 g Süßkartoffeln, geschält, Enden
  gerade abgeschnitten und quer
  halbiert
1 große Zwiebel, Enden gerade
  abgeschnitten
2 Knoblauchzehen, zerdrückt
2 EL gehackter Rosmarin
450 ml fettarme Milch
300 g fettreduzierte Crème fraîche
Salz und frisch gemahlener schwarzer
  Pfeffer

Den Backofen auf 160 °C Ober-/Unterhitze vorheizen.

Eine ofenfeste Form (1,5 l Fassungsvermögen) leicht mit etwas Butter einfetten. Mit dem flachen Klingeneinsatz des Spiralschneiders die Kartoffeln und die Süßkartoffeln zu Spiralen verarbeiten und in separaten Schüsseln aufbewahren. Den feinen Klingeneinsatz (3 mm) in den Spiralschneider einsetzen und die Zwiebel schneiden.

In einem großen Topf die restliche Butter auf mittlerer Stufe zerlassen, die Zwiebelspiralen darin 3–4 Minuten weich dünsten. Den Knoblauch und den Rosmarin unterrühren und 1 Minute mitgaren. Die Milch und die Crème fraîche einrühren, mit Salz und Pfeffer würzen, dann die Kartoffelspiralen unterheben. Zum Köcheln bringen, den Deckel auflegen und bei schwacher Hitze 5 Minuten garen. Die zu Spiralen geschnittenen Süßkartoffeln unterheben, zudecken und weitere 3 Minuten garen.

Die Mischung in die vorbereitete ofenfeste Form geben, mit Alufolie zudecken und im vorgeheizten Backofen 30 Minuten backen. Die Alufolie entfernen und weitere 10 Minuten backen, bis die Kartoffeln gar sind.

Pikanter asiatischer Krautsalat

Für 4–6 Personen
Vorbereitungszeit 10 Minuten

1 Gurke, Enden gerade abgeschnitten
    und quer in 3 Stücke geschnitten
1 große Möhre, geschält, Enden
    gerade abgeschnitten und quer in
    3 Stücke geschnitten
1 Daikon-Rettich, etwa 250 g,
    geschält, Enden gerade
    abgeschnitten und quer halbiert
4 EL gehacktes Koriandergrün
2 EL weiße Sesamsamen, leicht
    geröstet

Für das Dressing
fein abgeriebene Schale und Saft von
    2 Bio-Limetten
1 EL Reisessig
2 TL geriebener frischer Ingwer
1 kleine rote Chilischote, entkernt
    und fein gehackt
1 TL Palmzucker oder weicher
    Rohrrohrzucker
1 TL Sesamöl

Die Gurke mit dem feinen Klingeneinsatz (3 mm) des Spiralscheiders zu Spaghetti verarbeiten und mit Küchenpapier trocken tupfen. Anschließend mit demselben Klingeneinsatz die Möhre und den Daikon ebenfalls zu Spaghetti schneiden.

Für das Dressing in einer kleinen Schüssel die abgeriebene Schale und den Saft der Limetten, den Essig, den Ingwer, die Chilischote, den Zucker und das Sesamöl verrühren, bis sich der Zucker aufgelöst hat.

Die feinen Gurken-, Möhren- und Daikonspaghetti in eine große Schüssel geben, dann das Koriandergrün und die Sesamsamen darüberstreuen. Das Dressing darübergießen und alles sorgfältig vermengen. Den Krautsalat bis zum Servieren kalt stellen.

Wurzelgemüse-Rösti

Für 4 Personen
Vorbereitungszeit 10 Minuten
Garzeit 30–40 Minuten

300 g mehligkochende Kartoffeln
(z. B. Bintje), geschält und die
Enden gerade abgeschnitten
150 g Möhren, geschält, die Enden
gerade abgeschnitten und quer
halbiert
150 g Pastinake, geschält, die Enden
gerade abgeschnitten und quer
halbiert
1 Zwiebel, die Enden gerade
abgeschnitten
1 EL Sonnenblumenöl
2 TL gehackter Thymian
Salz und frisch gemahlener schwarzer
Pfeffer

Dieses Gericht ist die ideale Lösung, falls im Kühlschrank Reste von Wurzelgemüse liegen, die verwertet werden müssen. Rösti passt sehr gut zu gebratenem Fleisch oder als Hauptgericht zu pochierten Eiern.

Das Gemüse mit dem feinen Klingeneinsatz des Spiralschneiders (3 mm) zu Spaghetti verarbeiten und mit Küchenpapier trocken tupfen, die Zwiebel in eine separate Schüssel geben.

Die Kartoffel-, Möhren- und Pastinakenspaghetti in einem Dämpfeinsatz über einem Topf mit kochendem Wasser 5 Minuten dämpfen, bis die Kartoffeln gerade weich und die Möhren und die Pastinaken gar sind.

Inzwischen das Öl in einer Pfanne (23 cm Durchmesser) erhitzen und die Zwiebel darin bei mäßiger Hitze 2–3 Minuten weich dünsten.

Dann das gedämpfte Gemüse und den Thymian unterheben und mit Salz und Pfeffer abschmecken. Ohne Umrühren 4–5 Minuten anbraten, bis die Gemüsespaghetti von unten leicht knusprig sind. Das Gemüse wenden, mit einem Küchenheber leicht nach unten drücken und weitere 4–5 Minuten anbraten. Diesen Schritt noch zweimal wiederholen, bis die Rösti gar und schön knusprig sind. Die Rösti in Ecken schneiden und servieren.

Sellerie-Kartoffel-Gratin mit Senfnote

Für 6 Personen
Vorbereitungszeit 10 Minuten
Garzeit 1 Stunde

500 g mehligkochende Kartoffeln
   (z. B. Bintje), geschält und die
   Enden gerade abgeschnitten
400 g Sellerieknolle, geschält und in
   12 cm große Stücke geschnitten
3 Knoblauchzehen, zerdrückt
300 g Crème double
300 ml Vollmilch
2 EL körniger Senf
1 Stück Butter, plus etwas extra zum
   Einfetten
Salz und frisch gemahlener schwarzer
   Pfeffer

Den Backofen auf 160 °C Ober-/Unterhitze vorheizen.

Eine flache ofenfeste Form (1,5 l Fassungsvermögen) einfetten. Mit dem mittleren Klingeneinsatz (6 mm) des Spiralschneiders die Sellerieknolle und die Kartoffeln zu feinen Streifen verarbeiten und in separaten Schüsseln aufbewahren.

Eine Handvoll der Kartoffelstreifen auf dem Boden der Form verteilen, etwas Knoblauch darüber verteilen und mit Salz und Pfeffer würzen. Jetzt abwechselnd eine Lage Selleriestreifen und eine Lage Kartoffelstreifen in die Form geben, bis sie gut gefüllt ist.

Die Sahne, die Milch und den Senf in einer Schüssel verquirlen und über das Gemüse gießen. Butterflöckchen auf dem Gratin verteilen und im vorgeheizten Backofen bei 160 °C in 1 Stunde goldbraun backen. Nach der Hälfte der Garzeit umrühren.

Knusprige Kartoffel-spiralen mit Rosmarin und Knoblauch

Für 2–3 Personen
Vorbereitungszeit 5 Minuten
Garzeit 10 Minuten

2 große Kartoffeln, geschält, Enden
   gerade abgeschnitten und quer
   halbiert
1 Liter Pflanzen- oder
   Sonnenblumenöl, zum Frittieren
4 Rosmarinzweige
8 Knoblauchzehen, ungeschält
Meersalzflocken, zum Bestreuen

Die Kartoffeln mit dem mittleren Klingeneinsatz (6 mm) des Spiral-schneiders in Streifen verarbeiten.

Das Pflanzen- oder Sonnenblumenöl in einem Wok oder einer Pfanne mit schwerem Boden auf 180–190 °C erhitzen (ein Brotwür-fel sollte im Fett innerhalb von 30 Sekunden goldbraun werden). Alternativ kann auch eine Fritteuse verwendet werden.

Den Rosmarin und den Knoblauch in das heiße Öl geben und 1 Mi-nute frittieren. Die Kartoffelstreifen zugeben und in 6–8 Minuten knusprig goldbraun frittieren. Mit einem Schaumlöffel aus dem Öl nehmen und auf Küchenpapier abtropfen lassen. Mit Meersalz be-streuen und sofort servieren.

Gurken-Minze-Raita

Für 4 Personen
Vorbereitungszeit 5 Minuten

½ Gurke, Enden gerade
   abgeschnitten und quer halbiert
200 g Naturjoghurt, ca. 3,5%
   Fettgehalt
2 EL gehackte Minze
½ TL Salz
½ TL gemahlener Kreuzkümmel

Dieses kühlende Raita ist wirklich im Handumdrehen fertig. Es passt perfekt zu würzigen Gerichten wie den knusprigen Zwiebel-Bhajis (siehe Seite 24).

Die Gurke mit dem feinen Klingeneinsatz (3 mm) des Spiralschneiders zu Spaghetti verarbeiten und mit Küchenpapier trocken tupfen.

Die Gurkenspaghetti in eine große Schüssel geben und mit den restlichen Zutaten vermischen. Das Raita bis zum Servieren kalt stellen.

Kartoffelrösti mit Roter Bete und Schnittlauch

Für 4 Personen
Vorbereitungszeit 10 Minuten
Garzeit 20 Minuten

150 g mehligkochende Kartoffeln
 (z. B. Bintje), geschält und die
 Enden gerade abgeschnitten
200 g frische Rote Bete, abgebürstet
 und die Enden gerade
 abgeschnitten
Salz und frisch gemahlener schwarzer
 Pfeffer
2 EL Schnittlauchröllchen
2 EL Olivenöl

Den Backofen auf 200 °C Ober-/Unterhitze vorheizen.

Die Kartoffeln und die Rote Bete mit dem feinen Klingeneinsatz
(3 mm) des Spiralschneiders zu Spaghetti verarbeiten, anschließend
auf ein sauberes Küchentuch oder Küchenpapier legen und überschüssige Feuchtigkeit behutsam ausdrücken.

Die Kartoffeln und die Rote Bete in eine Schüssel geben, leicht mit
Salz und Pfeffer würzen, die Schnittlauchröllchen zugeben und mit
Öl beträufeln. Mit den Händen alles gut vermengen, damit die Kartoffeln und die Rote Bete rundum mit Öl, Kräutern und Gewürzen
bedeckt sind.

Einen Speisering (8,5 cm Durchmesser) oder eine Ausstechform auf
ein großes beschichtetes Backblech legen und eine kleine Menge der
Röstimischung in den Ring beziehungsweise die Form geben, sodass
ein flaches Küchlein entsteht. Den Ring oder die Form entfernen und
auf dieselbe Weise 7 weitere Rösti formen. (Alternativ können die
Küchlein auch mit den Händen geformt werden.)

Im vorgeheizten Backofen 15 Minuten backen, bis die Rösti knusprig
und goldbraun sind. Dann vorsichtig wenden und weitere 5 Minuten
backen.

Apfelmus mit Calvados

Für 4 Personen
Vorbereitungszeit 5 Minuten
Garzeit 10 Minuten

3 Äpfel (Boskoop), etwa 750 g,
　geschält und die Enden gerade
　abgeschnitten
fein abgeriebene Schale und Saft von
　½ Bio-Zitrone
25 g feiner Zucker
25 g Butter
2 EL Calvados

Dieses Apfelmus ist wirklich leicht zuzubereiten und schmeckt einfach köstlich zu Schweine- oder Gänsebraten. Es hält sich etwa 1 Woche im Kühlschrank und kann problemlos eingefroren werden.

Die Äpfel mit dem mittleren Klingeneinsatz (6 mm) des Spiralschneiders zu feinen Spiralen verarbeiten.

Die Apfelspiralen mit den restlichen Zutaten in einen Topf geben und sorgfältig vermischen. Den Deckel auflegen und unter gelegentlichem Umrühren bei schwacher Hitze 8–10 Minuten garen, bis die Äpfel weich sind. Abkühlen lassen.

Würzige Kartoffellocken

Für 4 Personen
Vorbereitungszeit 5 Minuten
Garzeit 20 Minuten

450 g Kartoffeln, geschält und die
    Enden gerade abgeschnitten
2 EL Sonnenblumenöl
1 TL Knoblauchsalz
2 TL Pimentón oder Paprika de la
    Vera
1 TL gemischte getrocknete Kräuter
Salz und frisch gemahlener schwarzer
    Pfeffer

Den Backofen auf 200 °C Ober-/Unterhitze vorheizen.

Ein großes Backblech mit Backpapier auslegen. Die Kartoffeln mit
dem mittleren Klingeneinsatz (6 mm) des Spiralschneiders zu feinen
Spiralen verarbeiten.

Die Kartoffelspiralen in eine große Schüssel geben, die restlichen
Zutaten hinzufügen und alles gut vermischen, sodass die Kartoffeln
rundum bedeckt sind. Die Kartoffellocken in einer Lage auf dem
vorbereiteten Backblech verteilen.

Im vorgeheizten Backofen 10 Minuten backen, dann die Kartoffellocken auflockern und die äußeren, bereits knusprigen Kartoffellocken in die Mitte des Backblechs schieben. Nochmals 10 Minuten
backen, bis sie goldgelb und knusprig sind. Sofort servieren.

Remoulade aus Knollensellerie

Für 4 Personen
Vorbereitungszeit 10 Minuten, plus Ruhezeit

Saft von 1 Zitrone
4 gehäufte EL fettarme Mayonnaise
2 EL fettreduzierte Crème fraîche
   oder Frischkäse
2 EL Dijonsenf
2 EL gehackte glatte Petersilie
1 kleine Sellerieknolle, etwa 500 g
Salz und frisch gemahlener schwarzer
   Pfeffer

Diese sahnige Remoulade ist der perfekte Begleiter für kalte Fleischgerichte oder geräucherten Fisch. Sie hält sich im Kühlschrank bis zu 2 Tage.

In einer großen Schüssel den Zitronensaft, die Mayonnaise, die Crème fraîche oder den Frischkäse, den Senf und die Petersilie verrühren und mit Salz und Pfeffer abschmecken.

Mit einem scharfen Messer die knolligen Auswüchse von der Sellerieknolle abschneiden. Die Sellerieknolle schälen, quer halbieren und die Enden gerade abschneiden. Den Sellerie mit dem feinen Klingeneinsatz (3 mm) des Spiralschneiders zu Spaghetti verarbeiten.

Die Selleriespaghetti sofort unter die cremige Mischung heben, bis sie gleichmäßig bedeckt sind, und vor dem Servieren 30 Minuten ziehen lassen.

Würziges Gurken-Pickle

Für 4 Personen
Vorbereitungszeit 10 Minuten, plus
Marinierzeit

1 Gurke, Enden gerade abgeschnitten
  und quer in 4 Stücke geschnitten
2 TL Salz
4 EL Reisessig
3 EL extrafeiner Zucker
1 kleine rote Chilischote, entkernt
  und fein gehackt
1 Stück (2,5 cm) frischer Ingwer,
  geschält und gerieben

Dieses appetitliche Gurken-Pickle schmeckt ausgezeichnet zu gebratenem Lachs oder Hühnchen. Übrig gebliebenes Pickle im Kühlschrank aufbewahren und innerhalb von ein paar Tagen aufbrauchen, solange die Gurken noch knackig sind.

Die Gurke mit dem flachen Klingeneinsatz des Spiralschneiders zu breiten Spiralen verarbeiten. Die Gurkenspiralen auf Küchenpapier legen und trocken tupfen. Dann in eine große Schüssel geben.

Die restlichen Zutaten in einer kleinen Schüssel verquirlen und über die Gurke gießen. Die Gurke vorsichtig mit der Marinade vermengen, zudecken und mindestens 1 Stunde oder über Nacht im Kühlschrank ziehen lassen. Zum Servieren die Marinade abtropfen lassen.

Marokkanischer Möhrensalat

Für 4 Personen
Vorbereitungszeit 10 Minuten, plus
Marinierzeit

450 g große Möhren, geschält und
    quer halbiert
2 EL Orangensaft
1 EL Zitronensaft
2 TL Orangenblütenwasser
2 EL natives Olivenöl extra
½ TL gemahlener Kreuzkümmel
½ TL gemahlener Zimt
1 TL Puderzucker
1 Salzzitrone, halbiert, Kerne und
    Fruchtfleisch entfernt und die
    Schale fein gehackt
2 EL gehackte Minze
Meersalzflocken und frisch
    gemahlener schwarzer Pfeffer
1 Handvoll Minzeblätter, zum
    Garnieren

Normalerweise werden die Möhren für einen marokkanischen Möhrensalat gerieben, aber das Zerkleinern im Spiralschneider spart Zeit und die Möhren bleiben schön knackig.

Die Möhren mit dem flachen oder dem mittleren Klingeneinsatz (6 mm) des Spiralschneiders zu feinen Spiralen verarbeiten.

In einer Schüssel den Orangensaft mit dem Zitronensaft, dem Orangenblütenwasser, dem Olivenöl, dem Kreuzkümmel, dem Zimt und dem Puderzucker verrühren. Nach Geschmack mit Salz und Pfeffer würzen.

Die Möhrenspiralen, die Salzzitrone und die gehackte Minze zugeben und alles leicht vermengen. In den Kühlschrank stellen und 1–2 Stunden ziehen lassen. Kurz vor dem Servieren mit den Minzeblättern garnieren.

Geröstete Rote Bete mit Balsamico

Für 4 Personen
Vorbereitungszeit 5 Minuten
Garzeit 15-20 Minuten

4 frische Rote Beten, abgebürstet und
    die Enden gerade abgeschnitten
1 EL Olivenöl
3 EL Balsamessig
Meersalzflocken und frisch
    gemahlener schwarzer Pfeffer

Die Kombination von gerösteter Roter Bete und Balsamessig ergibt eine perfekte Delikatesse, die hervorragend zu Fleisch passt oder für einen Salat verwendet werden kann.

Den Backofen auf 190 °C Ober-/Unterhitze vorheizen.

Die Rote Bete mit dem mittleren Klingeneinsatz (6 mm) des Spiralschneiders zu Spaghetti verarbeiten.

Die zu Spaghetti geschnittene Rote Bete in eine Auflaufform geben, mit dem Öl und 2 EL des Essigs beträufeln und großzügig mit Salz und Pfeffer würzen. Alles gut vermischen.

Die Rote Bete im vorgeheizten Backofen 15–20 Minuten gar und leicht knusprig rösten, nach der Hälfte der Garzeit wenden. Aus dem Backofen nehmen, den restlichen Essig unterrühren und abkühlen lassen.

Gedämpftes Gemüse ~mit Honig~

Für 4 Personen
Vorbereitungszeit 5 Minuten
Garzeit 5 Minuten

2 große Möhren, geschält, Enden
  gerade abgeschnitten und quer
  halbiert
3 Zucchini, Enden gerade
  abgeschnitten und quer halbiert
1 EL Honig
1 EL Zitronensaft
½ TL Kümmelsamen (nach Belieben)
Salz und frisch gemahlener schwarzer
  Pfeffer

Die Möhren und die Zucchini mit dem breiten Klingeneinsatz des Spiralschneiders zu breiten Spiralen verarbeiten.

In einer kleinen Schüssel den Honig, den Zitronensaft und gegebenenfalls die Kümmelsamen verrühren.

Die Möhrenspiralen in einem Dämpfeinsatz über kochendem Wasser 2 Minuten dämpfen. Die Zucchinispiralen zugeben und weitere 3 Minuten dämpfen, bis das Gemüse gerade eben weich ist.

Das gedämpfte Gemüse in eine Servierschüssel geben, die Honigmischung darübergießen und alles sorgfältig vermengen. Nach Geschmack mit Salz und Pfeffer würzen und sofort servieren.

Würzige Steckrüben-Erbsen-Bratlinge

Ergibt 12 Stück
Vorbereitungszeit 10 Minuten
Garzeit 15–20 Minuten

1 kleine Steckrübe, etwa 625 g,
   geschält und in 12 cm große
   Stücke geschnitten
75 g Kichererbsenmehl
½ TL gemahlene Kurkuma
2 TL Garam Masala
1 TL Kreuzkümmelsamen
1 grüne Chilischote, entkernt und
   fein gehackt
1 Ei, leicht verquirlt
100 ml Vollmilch
1 TL Knoblauchpaste
1 TL Ingwerpaste
2 EL gehacktes Koriandergrün
100 g tiefgekühlte Erbsen, aufgetaut
Salz und frisch gemahlener schwarzer
   Pfeffer
1 EL Erdnuss- oder Sonnenblumenöl,
   zum Braten

Diese herzhaften Gemüse-Bratlinge passen perfekt zu gegrilltem Tandoori Chicken oder Fisch. Sie geben aber auch mit einem Gurken-Minze-Raita (siehe Seite 92) oder einem Mango-Chutney eine leckere Vorspeise ab.

Die Steckrübe mit dem feinen Klingeneinsatz (3 mm) des Spiralschneiders zu Spaghetti verarbeiten. Die Steckrübenspaghetti in einem Dämpfeinsatz über siedendem Wasser 4 Minuten dämpfen, bis sie gar sind. Anschließend leicht abkühlen lassen.

In der Zwischenzeit in einer großen Schüssel das Mehl, die Gewürze und die Chili vermischen. Das Ei in einer kleinen Schüssel mit der Milch und der Knoblauch- und Ingwerpaste verquirlen. Die Eimischung in die Mehlmasse gießen und zu einem dickflüssigen Teig verrühren. Das Koriandergrün und die Erbsen unterheben, mit Salz und Pfeffer würzen und dann die Steckrübenstreifen unterheben.

Etwas Öl in einer großen beschichteten Pfanne auf mittlerer Stufe erhitzen. Immer 4 Beignets gleichzeitig backen. Dazu je 1 gehäuften EL des Teigs in die Pfanne geben, leicht flach drücken und auf beiden Seiten 2–3 Minuten goldbraun und knusprig ausbacken. Wiederholen, bis der Teig aufgebraucht ist. Sofort servieren.

Knusprige Parmesan-Zwiebel-Spiralen

Für 2–3 Personen
Vorbereitungszeit 10 Minuten
Garzeit 10 Minuten

2 große Zwiebeln, Enden gerade
    abgeschnitten
2–3 EL Mehl, Type 405
2 Eier
100 g Panko (alternativ:
    Semmelbrösel)
50 g Parmesan, frisch gerieben
1 Liter Pflanzen- oder
    Sonnenblumenöl, zum Frittieren
Salz und frisch gemahlener schwarzer
    Pfeffer

Die Zwiebel mit dem mittleren Klingeneinsatz (6 mm) des Spiral-schneiders zu feinen Spiralen verarbeiten.

Das Mehl auf einen Teller streuen. Die Eier in einer Schüssel verquir-len. Die Semmelbrösel und den Parmesan in einer separaten Schüssel vermischen und mit Salz und Pfeffer würzen.

Die Zwiebelspiralen im Mehl wenden, überschüssiges Mehl abklop-fen, dann durch die Eimischung ziehen und anschließend in den Parmesanbröseln wenden.

Das Pflanzen- oder Sonnenblumenöl in einem Wok oder einer Pfanne mit schwerem Boden auf 180–190 °C erhitzen (ein Brotwür-fel sollte im Fett innerhalb von 30 Sekunden goldbraun werden). Alternativ kann auch eine Fritteuse verwendet werden.

Die Zwiebelmischung esslöffelweise – jeweils 4 Portionen – vorsich-tig in das heiße Öl geben und die Spiralen 2–3 Minuten goldbraun und knusprig ausbacken. Mit einem Schaumlöffel aus dem Öl neh-men, auf Küchenpapier abtropfen lassen und warm halten. Mit der restlichen Mischung ebenso verfahren. Sofort servieren.

Süße Leckereien

Apfel-Marzipan-Tarte

Für 8 Personen
Vorbereitungszeit 15 Minuten
Garzeit 1 Stunde

350 g backfertiger Mürbeteig
1 Packung getrocknete Bohnenkerne
   zum Blindbacken
100 g Butter
100 g extrafeiner Zucker
2 große Eier
200 g gemahlene Mandeln
½ TL Mandelextrakt
1 EL Weizenmehl, plus etwas extra
   zum Bestäuben
2 große rote Tafeläpfel, Enden gerade
   abgeschnitten
25 g Mandelblättchen
2 EL Aprikosenmus oder -konfitüre
geschlagene Sahne, zum Servieren

Den Backofen auf 190 °C Ober-/Unterhitze vorheizen.

Den Mürbeteig auf einer leicht bemehlten Arbeitsfläche auf die Größe einer 25-cm-Tarteform ausrollen. Den Teig in eine Tarteform mit
herausnehmbarem Boden legen, mehrmals mit einer Gabel einstechen, Backpapier darüberlegen und Bohnen zum Blindbacken darauf
verteilen. Die Form auf einem Backblech im vorgeheizten Backofen
15 Minuten backen. Die Bohnen und das Papier aus der Form nehmen und nochmals 5 Minuten backen, bis der Boden goldgelb ist.

In einer großen Schüssel die Butter mit dem Zucker schaumig rühren.
Nach und nach die Eier einquirlen, dann die gemahlenen Mandeln,
den Mandelextrakt und das Mehl einrühren. Die Masse in die Tarteform füllen.

Die Äpfel mit dem mittleren Klingeneinsatz (6 mm) des Spiralschneiders zu feinen Spiralen verarbeiten.

Die Apfelspiralen auf die Teigmasse geben und die Mandelblättchen
darüber verteilen. Im vorgeheizten Backofen 40-45 Minuten backen,
bis sich der Teig gesetzt hat und goldgelb ist.

Die Aprikosenkonfitüre beziehungsweise das Mus in einem kleinen
Topf erhitzen und auf den Kuchen streichen. Den Kuchen aufschnei-
den und mit geschlagener Sahne servieren.

Schoko-Brownies mit Roter Bete

Ergibt etwa 24 Stück
Vorbereitungszeit 15 Minuten
Garzeit 40 Minuten

275 g frische Rote Bete, abgebürstet
und die Enden gerade
abgeschnitten

250 g dunkle Schokolade, in Stücke
gebrochen (oder Zartbitter-
Schokotropfen)

250 g Butter, plus etwas extra zum
Einfetten

3 Eier

275g feiner Rohrohrzucker

1 TL Vanilleextrakt, ersatzweise
gemahlene Vanille oder
ausgekratztes Mark einer
Vanilleschote

75 g Weizenmehl Type 405

50 g Kakaopulver

1 Prise Salz

Den Backofen auf 180 °C Ober-/Unterhitze vorheizen.

Den Boden einer quadratischen Kuchenform mit 20 cm Seitenlänge einfetten und mit Backpapier auslegen. Die Rote Bete mit dem feinen Klingeneinsatz (3 mm) des Spiralschneiders zu Spaghetti verarbeiten.

Die Rote-Bete-Spaghetti in einen Topf mit kaltem Wasser geben. Zum Kochen bringen, die Hitze reduzieren und in 8 Minuten weich köcheln lassen. Gut abtropfen lassen.

Die Rote Bete in einer Küchenmaschine einige Minuten zu einem glatten Mus verarbeiten und beiseitestellen.

Die Schokolade und die Butter in einer hitzefesten Schüssel im Wasserbad unter gelegentlichem Rühren schmelzen. Sobald beides geschmolzen ist, die Schüssel aus dem Wasserbad nehmen und beiseitestellen.

Die Eier in einer großen Schüssel mit dem Zucker und dem Vanilleextrakt schaumig verquirlen. Die pürierte Rote Bete und die zerlassene Schokolade unterrühren. Das Mehl, das Kakaopulver und das Salz einsieben und sorgfältig unterheben. Die Masse in die vorbereitete Backform geben und die Oberseite mit einem Palettenmesser oder einem Teigschaber glatt streichen.

Im vorgeheizten Backofen 30 Minuten backen, bis die Masse in der Mitte fast durch ist, aber beim Schwenken der Backform noch nicht ganz fest ist. Aus dem Ofen nehmen und vollständig abkühlen lassen. Dann vorsichtig aus der Backform nehmen. Das Backpapier abziehen und den Kuchen in Rechtecke schneiden.

Asiatischer Birnensalat

Für 4 Personen
Vorbereitungszeit 5 Minuten, plus
Kühlzeit
Garzeit 10 Minuten

100 g feiner Rohrohrzucker

2 Stängel Zitronengras, mit einem
Messerrücken leicht angedrückt
und grob zerkleinert

1 Stück (2,5 cm) frischer Ingwer,
geschält und in feine Scheiben
geschnitten

150 ml kaltes Wasser

4 feste Nashi-Birnen (ersatzweise
können auch andere Birnen
verwendet werden), die Enden
gerade abgeschnitten

2 EL gehackte Minzeblätter

100 g Granatapfelkerne

4 EL frische oder getrocknete
Kokosraspel

Den Zucker mit dem Zitronengras, dem Ingwer und dem Wasser in
einen Topf geben. Auf niedriger Stufe unter gelegentlichem Umrühren erhitzen, bis sich der Zucker aufgelöst hat. Den Sirup zum
Kochen bringen, dann die Hitze reduzieren und 5 Minuten köcheln
lassen. Vom Herd nehmen und abkühlen lassen.

Nachdem der Sirup abgekühlt ist, die Birnen mit dem flachen
Klingeneinsatz des Spiralschneiders zu breiten Spiralen verarbeiten.
Die Birnen nicht vorher schneiden, da sie sonst braun werden. Die
Birnenspiralen in eine Salatschüssel geben.

Das Zitronengras aus dem Sirup entfernen. Den Sirup über die
Birnen gießen. Vorsichtig die Minzeblätter und die Granatapfelkerne
unterheben. Den Salat bis zum Verzehr kalt stellen. Den Salat auf
4 Schalen verteilen und mit den Kokosraspeln bestreuen.

Möhrenmuffins

Ergibt 12 Muffins
Vorbereitungszeit 10 Minuten
Garzeit 18–20 Minuten

1½ Möhren, etwa 175 g, geschält,
 Enden gerade abgeschnitten und
 quer halbiert
175 g weiche Butter
175 g extrafeiner Zucker
abgeriebene Schale von 1 Bio-Orange
 und 1 EL Orangensaft
175 g Weizenmehl, Type 405
6 g Backpulver
2 TL gemahlene Gewürzmischung
2 große Eier
50 g Walnusskerne, gehackt

Für das Frosting
200 g fettarmer Frischkäse
2 EL Puderzucker
1 EL Orangensaft
2 EL abgeriebene Schale von 1 Bio-
 Orange

Die feinen Möhrenspaghetti sorgen dafür, dass diese Muffins schön saftig werden. Sie werden mit einem Frischkäse-Frosting mit Orange und feinen Möhrenlocken verziert.

Den Backofen auf 180 °C Ober-/Unterhitze vorheizen.

Ein Muffinblech mit 12 Muffin-Papierförmchen auslegen. Die Möhren mit dem feinen Klingeneinsatz (3 mm) des Spiralschneiders zu Spaghetti verarbeiten.

In einer großen Schüssel die Butter mit dem Zucker und der Orangenschale schaumig schlagen. Das Mehl und die gemischten Gewürze in die Schüssel sieben, die Eier und den Orangensaft zugeben und alles sorgfältig verrühren. Dann die Möhrenspaghetti und die Walnusskerne unterheben.

Die Masse auf die Muffinförmchen verteilen. Im vorgeheizten Backofen 18–20 Minuten backen, bis der Teig aufgegangen und goldgelb ist. Aus dem Ofen nehmen, auf ein Kuchengitter legen und abkühlen lassen.

Für das Frosting alle Zutaten in einer Schüssel glatt rühren. Die Masse in einen Spritzbeutel mit Sterntülle füllen und auf die abgekühlten Muffins verteilen. (Alternativ kann die Masse auch mit einem Palettenmesser auf die Muffins gestrichen werden.) Mit den restlichen Möhrenspiralen dekorieren.

Apfel-Ingwer-Kekse

Ergibt 12–14 Kekse
Vorbereitungszeit 15 Minuten
Garzeit 8–10 Minuten

125 g Haferflocken
75 g Sonnenblumenkerne
125 g Weizenmehl, Type 405
4 g Backpulver
150 g Butter, in Würfel geschnitten
2 EL Apfelsaft
150 g weicher, heller Rohrohrzucker
3 EL Ingwer in Sirup
1 großer roter Tafelapfel, die Enden
   abgeschnitten
3 Stücke Ingwer, gehackt

Den Backofen auf 160 °C vorheizen.

3 große Backbleche mit Backpapier auslegen.

In einer großen Schüssel die Haferflocken mit den Sonnenblumen-kernen, dem Mehl und dem Backpulver vermischen.

Die Butter mit dem Apfelsaft, dem Zucker und dem Ingwersirup in einen Topf geben und bei schwacher Hitze unter Rühren erhitzen, bis die Butter zerlassen ist und der Zucker sich aufgelöst hat.

In der Zwischenzeit den Apfel mit dem feinen Klingeneinsatz (3 mm) des Spiralschneiders zu Spaghetti verarbeiten.

Die Buttermischung in die Schüssel mit den Haferflocken gießen und alles sorgfältig verrühren. Dann vorsichtig die Apfelspaghetti und den Ingwer unterheben.

Jeweils 1 gehäuften TL der Teigmasse auf die vorbereiteten Back-bleche setzen. Zwischen den Keksen ausreichend Platz lassen, damit sie sich ausbreiten können. Im vorgeheizten Backofen 8–10 Minuten goldgelb backen. Eventuell müssen die Kekse portionsweise geba-cken werden.

Die Kekse auf den Backblechen einige Minuten abkühlen lassen, dann mit einem Palettenmesser auf ein Kuchengitter legen und abkühlen lassen, bis sie knusprig werden.

Herbstlicher Obstsalat

Für 4 Personen
Vorbereitungszeit 10 Minuten, plus Kühlzeit

3 EL Ahornsirup
½ TL Vanilleextrakt, ersatzweise gemahlene Vanille oder ausgekratztes Mark einer Vanilleschote
1 TL fein abgeriebene Schale von 1 Bio-Zitrone
2 EL Zitronensaft
¼ TL gemahlener Zimt
2 feste Birnen, die Enden gerade abgeschnitten
2 große rote Tafeläpfel, die Enden gerade abgeschnitten
250 g Brombeeren
25 g Pekannusskerne, gehackt

In diesem farbenfrohen herbstlichen Dessert treffen saftige Brombeeren auf knackige Äpfel und Birnen. Dieser Obstsalat sollte idealerweise noch am selben Tag verzehrt werden.

In einer großen Schüssel den Ahornsirup mit dem Vanilleextrakt, der Zitronenschale, dem Zitronensaft und dem Zimt verquirlen.

Die Birnen und die Äpfel mit dem flachen Klingeneinsatz des Spiralschneiders zu breiten Spiralen verarbeiten.

Die Birnen- und Apfelspiralen in die Schüssel mit der Sirupmischung geben und alles sorgfältig vermengen. Die Brombeeren unterrühren. Etwa 30 Minuten kalt stellen, damit die Aromen durchziehen können.

Den Obstsalat auf 4 Schalen verteilen und mit den Pekannüssen bestreuen.

Tarte Tatin
mit Birnen

Für 4–6 Personen
Vorbereitungszeit 10 Minuten
Garzeit 40 Minuten

3 feste Birnen, die Enden gerade
    abgeschnitten
125 g extrafeiner Zucker
40 g kalte Butter, in Würfel
    geschnitten
½ TL gemahlener Ingwer
Weizenmehl zum Bestäuben
375 g backfertiger Blätterteig
Crème double, zum Servieren

Für diese Tarte benötigt man feste Birnen, da sie sonst zu viel Saft abgeben und den Teig aufweichen.

Den Backofen auf 200 °C Ober-/Unterhitze vorheizen.

Die Birnen mit dem mittleren Klingeneinsatz (6 mm) des Spiralschneiders zu feinen Spiralen verarbeiten.

Eine ofenfeste Pfanne (21 cm Durchmesser) auf mittlerer Stufe erhitzen. Den Zucker zugeben und unter ständigem Rühren 4–5 Minuten karamellisieren. Die Butter zugeben und verrühren.

Die Birnenspiralen unter den karamellisierten Zucker heben und alles sorgfältig vermengen. Die Hitzezufuhr herunterschalten und 4–5 Minuten garen, bis sie etwas weich sind. Vom Herd nehmen und etwas abkühlen lassen.

Den Blätterteig auf einer leicht bemehlten Arbeitsfläche etwa 5 mm dick ausrollen. Aus dem Teig eine runde Platte ausschneiden, die etwas größer ist als die Pfanne (etwa 21 cm Durchmesser). Die runde Teigplatte auf die Birnen legen und den Teigrand am Pfannenrand vorsichtig um die Birnen herum nach unten schieben.

Die Tarte im vorgeheizten Backofen 30 Minuten backen, bis der Teig schön goldbraun und aufgegangen ist. Aus dem Ofen nehmen und 10 Minuten ruhen lassen.

Die Ränder mit einem Messer vom Pfannenrand lösen, eine große Kuchenplatte auf die Pfanne legen und die Tarte vorsichtig auf die Platte stürzen. Mit Schlagsahne servieren.

Apfel-Himbeer-Crumbles mit Mandeln

Für 4 Personen
Vorbereitungszeit 10 Minuten
Garzeit 20–25 Minuten

2 große oder 3 mittelgroße rote
  Tafeläpfel, die Enden gerade
  abgeschnitten
200 g frische Himbeeren
2 EL extrafeiner Zucker
4 EL Apfelsaft
Vanillesauce oder -eis, zum Servieren

Für das Topping
125 g Weizenmehl Type 405
75 g Butter
4 EL extrafeiner Zucker
4 EL gemahlene Mandeln

Dieses Apfel-Himbeer-Dessert erhält durch die knusprigen Mandelstreusel den besonderen Kick.

Den Backofen auf 190 °C Ober-/Unterhitze vorheizen.

Die Äpfel mit dem mittleren Klingeneinsatz (6 mm) des Spiralschneiders zu feinen Spiralen verarbeiten.

Die Apfelspiralen in einer großen Schüssel mit den Himbeeren und dem Zucker vermischen. Die Mischung auf 4 ofenfeste Formen (250 ml Fassungsvermögen) verteilen und 1 EL Apfelsaft über jede Form geben.

Anschließend für das Topping das Mehl in einer großen Schüssel mit der Butter zu feinen Streuseln verkneten (oder hierfür eine Küchenmaschine verwenden). Den Zucker und die Mandeln mit den Streuseln vermengen.

Die Streusel auf die 4 Formen mit der Apfel-Himbeer-Mischung aufteilen. Im vorgeheizten Backofen 20–25 Minuten backen, bis die Streusel goldgelb sind und die Früchte brodeln. Mit Vanillesauce oder -eis servieren.

Rote-Bete-Pfannkuchen mit Heidelbeeren

Für 4 Personen
Vorbereitungszeit 10 Minuten
Garzeit 10 Minuten

1 frische Rote Bete, abgebürstet und
die Enden gerade abgeschnitten
250 ml Buttermilch
1 TL Vanilleextrakt, ersatzweise
gemahlene Vanille oder
ausgekratztes Mark einer
Vanilleschote
150 g Buchweizenmehl oder
Weizenmehl Type 405
½ TL Salz
2 TL Backpulver
1 EL feiner Zucker
1 Ei
125 g frische Heidelbeeren
1 EL Sonnenblumenöl

Zum Anrichten
Joghurt griechische Art (nach
Belieben fettfrei)
1 Handvoll Heidelbeeren
Ahornsirup oder Honig

Diese Pfannkuchen klingen ungewöhnlich, aber die Rote Bete verleiht ihnen eine kräftige Farbe und einen leicht erdigen Geschmack mit einer Unternote aus süßen Heidelbeeren.

Die Rote Bete mit dem feinen Klingeneinsatz (3 mm) des Spiralschneiders zu feinen Spaghetti verarbeiten.

Die Rote-Bete-Spaghetti mit der Buttermilch und dem Vanilleextrakt in ein hohes Rührgefäß geben und mit einem Pürierstab zu einer leuchtend roten Flüssigkeit verarbeiten.

Das Mehl, das Salz und das Backpulver in eine große Schüssel sieben und den Zucker einrühren. Das Ei zugeben und dann nach und nach die Rote-Bete-Mischung in das Mehl rühren und alles zu einem glatten Teig verarbeiten. Die Heidelbeeren unterrühren.

Eine große beschichtete Pfanne auf mittlerer Stufe erhitzen. Ein Stück zusammengeknülltes Küchenpapier in das Öl tauchen und vorsichtig die heiße Pfanne damit einfetten. 4 gehäufte EL Teig in die Pfanne geben (das ergibt 4 kleine Pfannkuchen) und 2–3 Minuten backen, bis auf der Oberfläche Blasen entstehen und die Pfannkuchen von unten goldbraun sind. Die Pfannkuchen wenden und weitere 2 Minuten backen. Die fertigen Pfannkuchen warm stellen, während der restliche Teig gebacken wird. Dafür die Pfanne erneut mit etwas Öl einfetten, falls erforderlich.

Auf jeden Teller jeweils 2 Pfannkuchen legen und mit einem Klecks Joghurt, einigen Heidelbeeren und einigen Tropfen Ahornsirup oder Honig servieren.

Apfel-Zimt-Muffins
~mit Sultaninen~

Ergibt 10 Muffins
Vorbereitungszeit 10 Minuten
Garzeit 20–25 Minuten

2 rote Tafeläpfel, die Enden gerade
    abgeschnitten
275 g Weizenmehl Type 405
1 EL Backpulver
½ TL Salz
1 TL gemahlener Zimt
125 g extrafeiner Zucker
1 großes Ei
150 ml Vollmilch
75 ml Sonnenblumenöl
75 g Sultaninen
2 EL weicher Rohrohrzucker, zum
    Bestreuen

Den Backofen auf 190 °C Ober-/Unterhitze vorheizen.

Ein Muffinblech mit 10 Muffin-Papierförmchen auslegen. Die Äpfel mit dem mittleren Klingeneinsatz (6 mm) des Spiralschneiders zu feinen Spiralen verarbeiten.

Das Mehl mit dem Backpulver, dem Salz, dem Zimt und dem extrafeinen Zucker in eine große Schüssel sieben.

In einem hohen Rührgefäß die Eier, die Milch und das Öl verquirlen und über die Mehlmischung gießen. Alles gerade eben verrühren, dann die Apfelspiralen und die Sultaninen unterheben.

Die Masse auf die Muffinförmchen verteilen und anschließend den Rohrzucker darüberstreuen. Im vorgeheizten Backofen 20–25 Minuten backen, bis die Muffins aufgegangen und fest sind. Diese Muffins schmecken sowohl warm als auch kalt sehr gut.

Birnen-Auflauf mit salziger Karamellsauce

Für 4 Personen
Vorbereitungszeit 15 Minuten
Garzeit 35–40 Minuten

4 feste Birnen, die Enden gerade
    abgeschnitten
125 g Weizenmehl Type 405
2 TL Backpulver
125 g extrafeiner Zucker
200 ml Vollmilch
100 g Butter, zerlassen, plus etwas
    extra zum Einfetten
1 Ei, verquirlt
150 g heller Muscovado-Zucker
1 EL Zuckerrübensirup
2 TL Meersalzflocken
250 ml Wasser
Vanilleeis, zum Servieren

Dieses einfach zuzubereitende Dessert ist eine Kombination aus gesalzener Karamellsauce und einem leichten, lockeren Teig. Mit Vanilleeis schmeckt es einfach köstlich.

Den Backofen auf 180 °C Ober-/Unterhitze vorheizen.

Eine ofenfeste Form (1,5 l Fassungsvermögen) einfetten. Die Birnen mit dem mittleren Klingeneinsatz (6 mm) des Spiralschneiders zu feinen Spiralen verarbeiten. Die Birnenspiralen auf dem Boden der vorbereiteten Form verteilen.

Das Mehl und das Backpulver in eine große Schüssel sieben. Den extrafeinen Zucker, die Milch, die zerlassene Butter und das Ei zugeben und alles 2–3 Minuten gut verquirlen. Die Mischung über die Birnen gießen.

Für die gesalzene Karamellsauce den Rohrzucker, den Zuckerrübensirup und das Salz in einen kleinen Topf geben und das Wasser bei mäßiger Hitze einrühren, bis sich der Zucker aufgelöst hat, dann zum Kochen bringen.

Vorsichtig die Sauce über die Birnen-Teigmischung gießen und im vorgeheizten Backofen 30–35 Minuten backen, bis der Teig fest ist. Den Auflauf 5 Minuten ruhen lassen, dann mit Vanilleeis servieren.

Zucchini-Zitronen-Kuchen

Für 8 Personen
Vorbereitungszeit 20 Minuten
Garzeit 40–45 Minuten

2 Zucchini, die Enden gerade
    abgeschnitten und quer halbiert
fein abgeriebene Schale von 2 Bio-
    Zitronen
200 g weiche Butter, plus etwas extra
    zum Einfetten
200 g extrafeiner Zucker
3 Eier, verquirlt
200 g Weizenmehl, Type 405
7 g Backpulver
1 kleine Handvoll kandierte
    Zitronenschale (siehe Seite 124),
    zum Verzieren

Für den Zitronensirup
75 g Kristallzucker
Saft von 2 Zitronen (etwa 100 ml)

Die Zucchinistreifen sorgen dafür, dass dieser herrlich zitronige Kuchen ein saftiger Genuss wird. Für die krosse Glasur wird der noch warme Kuchen mit Zitronensirup übergossen.

Den Backofen auf 180 °C Ober-/Unterhitze vorheizen.

Eine Kuchenform (20 cm Durchmesser) einfetten und mit Backpapier auslegen.

Die Zucchini mit dem feinen Klingeneinsatz (3mm) des Spiralschneiders zu Spaghetti verarbeiten. Sehr lange Spaghetti halbieren.

Die Zitronenschale, die Butter und den Zucker in eine Rührschüssel geben und zu einer leichten, lockeren Masse aufschlagen. Die Eier nach und nach zugeben und verquirlen. Beginnt die Masse zu gerinnen, 1 EL des Mehls zugeben. Die Zucchinispaghetti, das Mehl und das Backpulver mit einem Metalllöffel unterheben, bis eine dickflüssige Masse entsteht.

Die Masse in die vorbereitete Kuchenform füllen und in der Mitte des vorgeheizten Backofens 40–45 Minuten backen, bis der Kuchen aufgegangen und goldgelb ist und sich vom Rand der Form löst.

Sobald der Kuchen im Ofen ist, den Zitronensirup zubereiten. Dazu den Zucker und den Zitronensaft in eine kleine Schüssel geben und an einem warmen Ort (neben dem Backofen ist perfekt) unter gelegentlichem Umrühren ruhen lassen, während der Kuchen backt.

Den Kuchen aus dem Ofen nehmen und die Oberseite mit einem Cocktail-Spieß etwa 20-mal einstechen. Etwas von dem Zitronensirup darüberträufeln, einsickern lassen, dann vorsichtig den Rest darübergießen. Den Kuchen in der Form 10 Minuten abkühlen lassen, dann aus der Form nehmen und auf ein Kuchengitter legen. Mit der kandierten Zitronenschale verzieren.

Kandierte Zitronenschale

Ausreichend zur Verzierung von 2 großen Kuchen
Vorbereitungszeit 5 Minuten, plus Kühlzeit
Garzeit 10 Minuten

4 große Bio-Zitronen
100 g extrafeiner Zucker, plus etwa 2 EL zum Bestreuen
100 ml kaltes Wasser

Zitronenspiralen sind mit dem Spiralschneider viel schneller hergestellt als mit einem Messer und sehen zudem noch viel schöner aus. Verwenden Sie die kandierte Schale zur Verzierung von Kuchen wie den Zucchini-Zitronen-Kuchen auf Seite 122.

Die Zitrone quer halbieren und den Saft auspressen. (Bewahren Sie den Saft für eine weitere Verwendung im Kühlschrank auf, da er für dieses Rezept nicht benötigt wird.) Die Zitronenhälften mit dem flachen Klingeneinsatz des Spiralschneiders zu Spiralen verarbeiten. Weiße Innenhaut, die sich von der Schale gelöst hat, entfernen.

Den extrafeinen Zucker und das Wasser in einem kleinen Topf unter ständigem Umrühren zum Kochen bringen. Die Zitronenspiralen zugeben und 4–5 Minuten kochen, bis die Konsistenz sirupartig und die Schale durchsichtig wird.

Ein großes Backblech mit Backpapier auslegen. Die Schale in einer Lage auf dem vorbereiteten Backblech ausbreiten und die Zitronenspiralen mit einer Gabel voneinander trennen. Den restlichen Zucker darüberstreuen, dann die Spiralen sorgfältig in dem Zucker wälzen.

Die Zitronenspiralen an einem warmen Ort einige Stunden, möglichst über Nacht, trocknen lassen. Die kandierte Schale hält sich in einer Frischhaltebox bis zu 3 Wochen.

Schokoladen-Birnen-Küchlein

Für 4 Personen
Vorbereitungszeit 10 Minuten
Garzeit 20 Minuten

2 kleine, feste Birnen, die Enden
  gerade abgeschnitten
150 g weiche Butter, plus etwas extra
  zum Einfetten
200 g weicher Rohrohrzucker
1 TL Vanilleextrakt, ersatzweise
  gemahlene Vanille oder
  ausgekratztes Mark einer
  Vanilleschote
50 g Kakaopulver, gesiebt
125 g Weizenmehl Type 405
4 g Backpulver
2 Eier
Crème double oder Crème fraîche,
  zum Servieren

Den Backofen auf 180 °C Ober-/Unterhitze vorheizen.

4 Auflaufförmchen (à 150 ml Fassungsvermögen) einfetten und die Böden mit Backpapier auslegen. Die Birnen mit dem feinen Klingeneinsatz (3 mm) des Spiralschneiders zu Spaghetti verarbeiten.

Die Butter, den Zucker und den Vanilleextrakt in eine große Schüssel geben und zu einer leichten, lockeren Masse aufschlagen. Das Kakaopulver, das Mehl, das Backpulver und die Eier zugeben und alles sorgfältig verquirlen. Die Birnenspaghetti unterheben.

Die Masse auf die vorbereiteten Förmchen verteilen und auf ein Backblech stellen. Im vorgeheizten Ofen 20 Minuten backen, bis die Masse gar, aber in der Mitte noch etwas weich ist.

Die Küchlein aus der Form stürzen, das Backpapier entfernen und sofort mit Schlagsahne extra oder Crème fraîche servieren.

Register

Danksagung

Wir danken UK Juicers (www.ukjuicers.com) für die freundliche Leihgabe des Spiralschneiders
beim Photoshooting.